KB155721

한복 입는 CEO

일상에
행복을 입히는 브랜드
리슬의 성장 철학

한복 입는
CÊO

황이슬 ——— 지음

가디언

오! 한복한 인생, 황이슬입니다

이 책은 『나는 한복 입고 홍대 간다』 이후 두 번째 책이다. 첫 번째 책이 20살 패기로 덜컥 1인 창업을 한 뒤 창업 초짜로서 살아남는 과정에 초점이 맞춰져 있다면 두 번째 책은 그 이후 다양한 경험을 거쳐 '브랜드'가 되어가는 더 단단한 과정이 담겨 있다. 첫 책을 쓴 이후 8년이라는 시간 동안 한 차례 점프업하는 단계를 밟으며 많은 변화가 있었다. 감사하게도 1인 기업이었던 회사는 10인이 넘는 법인 회사로 바뀌었고 회사 매출 규모는 3배가 커졌으며 코로나라는 경기침체에도 꾸준한 성장을 이어가고 있다. 지금은 '리슬'이라는 브랜드로 수요를 점점 잃어가는 한복 시장에서 활기를 더해주고 트렌드를 이끄는 리더로 자리 잡았다.

전주라는 로컬을 배경으로 한복이라는 마이너한 장르를 대중화한 비결이 무엇이었는지를 묻는 강연, 자문, 컨설팅 요청이 많다. 의류학과를 다니는 학생들의 인터뷰 요청부터 진로 고민을 하는 DM까지. 질문이나 궁금증들이 비슷하다 보니 이것을 모아서 두 번째 책을 써야겠다는 생각이 들었다. 아직 리슬은 전국적으로 알려진 브랜드나 수백억 매출을 내는 기업은 아니다. 하지만 누군가에겐 대기업의 유명 성공 사례가 아닌, 작지만 다양하고 특별한 이야기가 필요할지 모른다. 나처럼 1인 기업으로 시작한 소규모 브랜드와 창작자들에게 나의 이야기가 도움될 수 있지 않을까 싶어서 용기를 내 글을 쓰게 되었다.

리슬의 강점은 '모던한복'이라는 장르를 개척한 선두 브랜드라는 점이다. 모던한복이란 전통한복의 요소를 재해석해서 현대인들의 라이프스타일에 맞춰 패션처럼 입는 옷을 말한다. 과거에 존재하던 생활한복(또는 개량한복)과 비슷하지만 한 차원 더 진화된 형태다. 치마와 저고리를 갖춰 입어야 한다는 공식도 없고, 반드시 저고리를 여며 입어야 한다는 규칙도 없다. 청바지와 하이힐에도 입을 수 있고, 탱크탑처럼 입을 수도 있다. 한복업계는 물론 패션업계에서도 그야말로 '핫한 아이템'이 되었다. 신상품이 온라인에 공개되면 피켓팅*을 방불케 하는 인파로 몇 분 만에 상품이 품절되고, 고객이 스스로 명함을 파서 본인이 입고 다니는 옷을 홍보할 정도로 강렬한 팬덤을 자랑하는 패션 브랜드가

* 피튀기는 티켓팅이라는 뜻의 치열한 예매 경쟁을 일컫는 신조어

바로 리슬이다. 한복이 하나의 패션 장르가 될 수 있다고 다들 상상이나 했을까?

나 스스로 이렇게 브랜드를 만들어간 동력이 무엇이었을까 하며 곰곰이 생각을 정리해보니 4가지로 요약될 수 있었다. 틀 깨기 정신, 열심히 잘 정신, 따박따박 정신, 찐 정신 4가지다. 이것들은 내가 평소에도 자주 쓰는 말들인데, 어떤 선택의 기로에 놓이거나 경영적 판단을 해야 할 때마다 이 4가지 기준에 맞춰 선택하곤 한다. 처음 뭣도 모르고 창업을 시작했을 땐 그냥 하나씩 부딪혀보면서 시행착오를 겪었는데, 오답 노트를 적어가듯 잘못했던 선택들은 제외시키고 '아 그때 이런 선택을 할걸' 했던 경험을 모으고 모아 남긴 핵심이 바로 이 네 가지 정신이다. 나중에서야 몸으로 체득해 알아낸 내용들이 마케팅이나 경영의 원리였다는 사실을 알게 되었다. 어려운 용어와 이론으로 나의 철학을 설명할 수 있다는 사실에 놀라웠다. 그렇지만 이 책은 1인 창업자나 나와 같은 크리에이터, 작은 브랜드를 운영하는 분들께 좀 더 쉽게 다가가기 위해 이론에 나오는 어려운 용어가 아닌 나만의 언어로 글을 써 내려갔다.

책에 담긴 이야기의 처음부터 끝은 한복으로 도배되어 있다. 하지만 한복업계에 종사하지 않는 사람이 읽어도 전혀 문제가 되지 않는다. 어떤 분야에 있든 좋아하는 대상을 목표로 그것을 발전시키는 방법에 대해 궁금한 사람이라면 확실히 도움될 수 있는 글이다. 오랜 시간 비즈니스를 하다 보니 업종 불문, 규모가

크든 작든, 자기만의 색을 분명히 만들고 성과를 만든 사람들에게 통용되는 공통된 원리가 있다는 것을 깨달았다. 주제는 한복이지만, 이 글에는 창작으로 먹고사는 모든 크리에이터들을 위한 인사이트가 담겨 있다. 기획자, 마케터, 작가, 작은 브랜드 대표, 공방 대표, 패션 전공자들에게 추천한다.

이 책에는 한복이 이 시대의 패션이 되기 위해 필요한 시대정신(기능성, 디자인, 판매방식 개선, 브랜딩 등)을 캐치해내고 끊임없이 재해석을 시도하며 한복의 입지를 넓혀온 과정을 에피소드로 담았다. 그 과정에서 자연스럽게 한복에 푹 빠진 지지자들이 탄생하고, 거리 패션으로 만들어가는 과정이 녹아 있다. 어리바리한 초보 사장의 우당탕탕 근본 없는 시도가 이 책을 덮을 즈음에는 꽤나 단단해져 하나의 장르로 자리매김하고 있음을 느낄 수 있을 것이다. 동기부여, 브랜딩, 창업가 정신 그 모든 게 경계 없이 뒤섞여 있다. 'A=B'와 같은 공식이 담긴 노하우 서적은 아니지만, 읽다 보면 당신의 머릿속에 어렴풋했던 목표가 조금은 뚜렷해지고, 비즈니스 돌파구가 되어줄 아이디어, 유연하고 말랑거리는 생각, 오늘 밤 당장 무언가를 시도해보고 싶은 욕구, 불안했던 마음에 확신과 강한 의욕이 샘솟을 것이다.

내가 사랑하는 걸 더 많은 사람에게 전파하고 싶은 분들과 나만의 색깔을 만들고 싶어 하는 이 세상의 모든 크리에이터에게 큰 도움이 되길 바라본다.

황이슬

차례

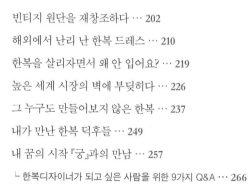

몰입을 통해 떠오른 창의적인 생각들을 용기 있게 실험하고 시도하는 단계이다. 소재를 바꾸거나 작업방식을 바꾸거나 다른 장르와의 결합하며 나만의 세계관과 철학을 만들어가는 과정이다.

1장

틀 깨기 정신

고정관념을 깨고 나만의 방식으로 조합해서

새롭게 만드는 것

한복과 사랑에 빠진 그 순간

운명은 운명인 줄 모르게 다가와
가랑비처럼 서서히 스며드는 것이다.

"어머, 옷차림이 굉장히 특이하시네요." "뭐 하시는 분인가요?"
어딜 가나 듣는 말이다. 과감한 염색 머리에 저고리와 청바
지, 운동화 차림이 흔치 않긴 하다. 나는 한복 디자이너이자, 내가
디자인한 한복을 1년 365일 중 360일을 입고 다니는 한복 마니아
다. 이제는 가족과 친구들조차 한복을 입지 않은 차림을 어색해
할 정도다. 직접 만든 한복을 홍보하고자 한복을 입고 다니나 보
다 생각하겠지만, 순서가 틀렸다. 한복을 실컷 입기 위해서 이 직
업을 선택했다. 어느 날 뜻하지 않게 마주친 한복은 내 인생을 송
두리째 흔들어놓았고, 지금의 나를 만들었다. 직업 만족도 최상
이라고 생각하는 나인데, 사실 한복은 내 인생 계획엔 없었던 선
택지다.

어려서부터 종이접기나 폐품으로 장난감 만들기처럼 손으로 만드는 것을 좋아하고 곧잘 한다는 이야기를 들어왔다. 침구, 커튼 가게를 운영하던 부모님의 재주를 물려받았기 때문이 아닐까 한다. 부모님의 이불집은 베개부터 복잡한 사물 커버까지 사이즈만 적어오면 그 자리에서 뚝딱 만들어주는 맞춤 판매로 인기가 좋았다. 이런 성장배경의 영향으로 남들보다는 조금 나은 감각이 있긴 했지만, 어린아이 놀이 수준일 뿐 창작이나 문화예술 쪽 직업을 생각할 정도로 뛰어났던 것은 아니었다.

수능을 치르고 열아홉이 되었을 때, 부모님과 선생님들 추천으로 전북대학교 산림자원학과에 입학했다. 산림자원학과는 숲과 나무 등 생태계 전반을 다루는 학문으로 농대에 속해 있는 분야다. 디자이너라고 하면 으레 패션디자인이나 의류학과를 나왔을 거라고 예상하는데, 의외의 출신 학과 이야기에 다들 깜짝 놀라곤 한다. 중고등학교 때까지도 문화예술 관련 직종에서 일할 거라고는 생각조차 해본 적 없었다. 딱히 어떤 일을 해야겠다 생각한 것도 없었고 뾰족하게 잘한다고 생각하는 것도 없는 보통의 모습이었다. 남들처럼 대학 갈 나이가 되었으니, 어딘가를 가야지 했던 것뿐이고 산림공무원의 TO(티오) 대비 경쟁률이 낮아서 취업이 유망하다는 소문을 듣고 진학했던 것이다. 진학한 나조차 생소한 분야였다. 처음 들어보는 나무 이름과 특징을 배우며 무료한 나날을 보내던 대학 생활에 뜬금없이 한복이 찾아왔다. 대학의 꽃이라 불리는 대학 축제 날이었다.

캠퍼스 안에 길게 늘어선 천막에서는 참신한 콘셉트의 주막과 게임, 체험이벤트 등 다양한 즐길거리가 펼쳐져 있었다. 당시 나는 어쩌다 보니 만화 동아리에서 활동했는데, 우리는 코스튬 플레이를 하기로 되어 있었다. 코스튬 플레이는 코스프레라고도 불리며 만화나 드라마 등에 나오는 인물을 머리부터 발끝까지 똑같이 재현해서 즐기는 놀이다. 코스프레를 즐길 정도로 찐 만화 덕후였느냐 묻는다면 전혀 아니다. 태어나서 코스프레라고는 해본 적도 없고 목격한 것도 없다. 나는 그저 시간 때우기로 가볍게 로맨스 만화를 즐기는 독자일 뿐이었다. 한눈에도 튀는 특이한 옷을 차려입고 수많은 사람 앞에 나서야 한다니 '오! 마이 갓.' 소리가 절로 나왔다. 하지만 어차피 하기로 한 일이니 내적 갈등을 한참 하다 결심했다. "궁! 그렇다면 내가 좋아하는 『궁』 한복을 입어보자."

당시 『궁』이라는 만화를 좋아했다. 현재에 왕실 문화가 유지되고 있는 대한민국이라는 설정 아래 평범한 여고생 채경이가 왕세자비가 되는 과정을 그린 만화다. 전국적 인기를 끌었던 밀리언셀러 만화로 주지훈, 윤은혜 주연 드라마로 리메이크되기도 했다. 또래 여자 중에 『궁』을 모르는 사람이 없을 정도로 대중적이면서도 신선한 소재로 인기를 끌었다. 인기 요인 중 여주인공의 한복 패션은 빠질 수가 없다. 나 역시 이 한복 그림에 푹 빠져 있었는데 『궁』 속 한복은 주변에서 보던 한복과는 완전히 달랐다. 평소에는 미니스커트 한복, 때로는 배꼽티 같은 한복, 연회 때는 저고리를 벗어 던지고 치마를 응용한 드레스와 같은 한복을 입고 등장했다. 감탄이 절로 터졌다. '한복이 이렇게 예쁠 수 있구나. 이런 한복이 있다면 한번 입어보고 싶다.' 그런데 기회가 온 것이다. 까짓것 해보자고 마음먹었다. 갑자기 가슴이 두근대며 설레기 시작했다. '그럼, 수많은 한복 중 어떤 한복을 만들지? 원단은 어떻게 구하지? 어떻게 한복을 만들어야 하지?' 할 것들을 머리로 그려가며 나도 모르게 코스프레 준비에 빠져가고 있었고, 한복과 전혀 연관 없는 산림자원학과 학생의 탈선이 시작되고 있었다.

설계만 잘한다면 어려울 것이 없을 것 같았다. 어깨너머로 미싱을 보고 배운 19년 경력의 이불집 딸내미였으니까. 어떤 색, 어떤 디자인으로 만들지 정하기만 하고 엄마 아빠의 손을 빌려 만들어달라고 부탁할 요량이었다. 본래대로라면 원작 만화 이미지를 정한 뒤, 같은 색깔 원단을 구하고 옷을 만들어야 맞겠지만, 비전공자에 옷감 구매처도 제대로 모르는 나는 작업 순서를 바꾸기로 했다. 원단을 확보한 뒤 비슷한 그림을 찾아서 끼워 맞추기로 한 것이다. "아빠, 혹시 버리는 한복 천 같은 걸 구할 데 없을까?" 딸의 요청에 아빠는 어느 지인분 한복집에서 오래되고 유행이 지나 판매할 수 없는, 수십 년도 더 된 분홍빛 광택이 도는 원단과 붉은색에 은은한 전통무늬가 박힌 이불감을 구해오셨다. 어찌나 오래되었는지 원단에서 조금은 쾨쾨한 냄새가 나는 듯했다. 하지만 찬반 더운밥 가릴 때가 아니었다. 구해진 원단으로 비슷하게 만들 수 있는 만화 이미지를 골랐다. 어깨가 봉긋 올라온 퍼프 소매가 달린 분홍색 저고리에 빨간 치마를 입은 여주인공의 모습. '바로 이거야!' 원작은 치마의 길이가 길고 금박 장식도 있고 저고리에는 붉은 꽃 자수가 놓여 있었지만, 당장 이것을 구현하기는 역부족이었다. '있는 재료 안에서 내 스타일대로 바꾸지 뭐.' 그렇게 어벌쩡 최초의 황이슬표 한복 디자인이 그려졌다.

계획은 세워졌으니 이제는 실행만이 남았다. 엄마와 내가 2인 1조가 되어 한복을 완성했다. 치마 길이는 무릎 정도라고 대략 설명하면, 엄마는 가위로 슥슥 옷감을 잘라내 내 몸에 이리저리 대어보았고 나는 '조금 더 짧게'를 외치는 식이었다. 오래돼서 무료로 받아온 옷감에 어설픈 디자이너의 합작으로 만들어진 한

복이었지만 완성된 모습은 제법 그럴싸했다. 원래부터 있던 분홍 옷감에 자수를 살려서 원작과 비슷하게 배 부분에 위치시키니 충분히 비슷해 보였다.

축제 당일, 떨리는 마음으로 한복을 차려입고 캠퍼스로 나섰다. 어설픈 핸드메이드 한복을 입고 수백, 수천 학우들이 가득한 축제 장소로 나간다는 건 쉬운 일이 아니었다. 마치 갑옷을 입

은 것처럼 무겁고 몸이 움츠러드는 듯했고 아는 사람이라도 마주
칠까 봐 민망했다. "어? 이슬이 아냐?" 역시 얼마 가지 않아 아는
친구를 마주쳤다. 그 옷은 대체 뭐냐며 혹평받을 줄 알고 우물쭈
물하자 그녀는 전혀 다른 반응을 보였다. "이거 뭐야? 네가 직접
만든 거야? 대박이다. 진짜! 너무 예쁜데? 너, 오늘 정말 예뻐!"
세상에 이렇게 기분 좋은 칭찬이 또 있을까. 예쁘다는 칭찬 한마
디에 천근만근 무겁게 느껴졌던 한복이 솜털처럼 가벼워지며 움
츠러든 어깨가 하늘 끝까지 솟아나는 듯했다. 이후로도 마주치는
친구마다 모두 한복 입은 내 모습이 예쁘다며 칭찬을 남겼고, 심
지어 모르는 아저씨조차 '선녀 같다'라며 엄지 척을 보내면서 지
나가기까지 했다. 옷은 그냥 대충 추위를 막으려고, 신체를 가리
려고 입는 거라 생각했던 나의 가치관이 완전히 바뀌는 순간이었
다. '멋진 옷을 입는 경험이라는 건 굉장히 기분 좋은 일이구나!

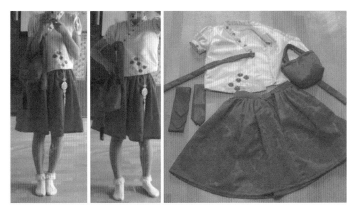

| 대학 축제날 입기 위에 만든 황이슬 최초의 제작 한복

한복이 이렇게 매력적인 옷이었다니. 이런 기분 처음이야.'

이후로 나는 한복에 스며들었다. 기분 좋은 경험을 하고 난
뒤로는 또 입고 싶다는 생각이 자꾸 들었다. 비유하자면 "너한테
그 옷이 잘 어울려"라는 말을 듣고 난 뒤 나도 모르게 그 옷에 자
주 손이 가게 되는 그런 느낌이었다. 평소 한복에 대단한 사명감
이 있는 것도 아니었고 한복 전공자도 아니었지만, 축제에서의
경험은 강렬하고 생생했다. 또 만들고 싶고, 또 입고 싶었다. 그날
부터 나는 한복에 빠져 후진 없는 구애를 보내기 시작했다. 두 번
째, 세 번째 한복을 만들어가며 그 매력에 빠져들었다. 공강 시간
엔 전공 책보다 한복 책을 더 많이 찾아보았다. 처음엔 '나를 예
뻐 보이게 하는 옷'이라는 점이 좋았는데 한복을 알아갈수록 다
른 매력 포인트들이 늘어갔다. 우리 문화를 담은 의미 있는 옷이
라는 점도 좋았고, 아름다운 색감과 특유의 볼륨감 있는 형태도
색다르고 멋졌다. 어쩌면 이름도 한복인지. 구석구석 뜯어볼수록
예쁜 곳투성이였다. 누군가와 사랑에 빠지면 단점도 장점이 되
고, 어떤 행동을 해도 귀엽게 느껴진다더니. 딱, 그 꼴이었다. 나
는 한복과 운명적 사랑에 빠졌다.

한복이 삶이 된 결정적 계기는 한복을 판매하기 시작하면서
부터다. 취미생활을 지속적으로 즐기기 위해 한복을 만들고 판매
했다. 직접 만든 한복을 두 번 정도 거래했는데, 구매자들은 하나
같이 '만화 속 한복만큼 멋지다. 내가 본 한복 중에 제일 예쁘다'
라는 반응을 보내왔다. 혼자 한복을 만들어 입는 것도 즐거웠지

만, 직접 디자인한 한복이 멋지다고 인정받는 경험은 두 배로 짜릿했다. 어설픈 한복이었는데도 만족감을 표현해준 사람들 덕분에 나는 한복에 더 빠르게 빠져들었다.

'아예, 판을 제대로 깔아야겠어. 온라인 판매를 하려면 사업자를 내면 되나?' 도서관을 찾아 창업서를 몇 권 읽고는 그 길로 구청에 방문해 '손짱'이라는 이름으로 온라인 판매 사업자 등록을 냈다. 가슴속에 타오르는 불꽃 같은 사랑에 고민 없이 창업을 결심한 것이었다. 대학교 1학년 스무 살, 캠퍼스 축제가 끝나고 3개월 만의 일이었다. 평범한 1학년 신입 대학생 황이슬의 한복 창업기는 그렇게 시작되었다. 이때만 해도 몰랐다. 재미로 시작한 쇼핑몰이 내 인생이 될 줄이야. 산림자원학과 학생이 17년 뒤 세계에서 주목받는 한복 디자이너가 될 거라고 누가 예상이나 했을까?

본래의 용도가 아닌
다른 용도로 사용해보라.

한국 배우가 등장하고, 한국을 배경으로 한, 한국에서 만든 K-콘텐츠가 대세다. 넷플릭스 오리지널 시리즈 〈오징어 게임〉이 그랬고 〈킹덤〉이 그렇다. K-콘텐츠의 성공 비결로 고유의 스토리텔링과 문화를 꼽을 때마다 '맞아. 지극히 한국스러운 게 얼마나 경쟁력 있는데. 요즘 한국의 위상이 어마어마하다고.' 하며 나도 모르게 어깨가 으쓱해지곤 한다. 드라마 〈킹덤〉 방영 이후 해외에서 갓이 인기리에 판매되며 화제였는데, 나는 그보다 무려 8년 전 그 인기를 진작 실감했다.

2010년 어느 날 드라마 〈겨울연가〉와 〈대장금〉이 해외로 수출되어 엄청난 인기를 끌고 있다는 기사를 접했다. 처음엔 대수롭지 않게 '응, 그 드라마 재밌지.' 하는 정도로 여겼다. 그런데 수출된 국가의 국민 대다수가 즐겨볼 정도의 시청률이라느니, 대장금에 출연했던 한 배우를 국빈대우하며 중요 정치 인사와 만났다느니 심상치 않은 이야기가 계속 이어졌다. '와, 한류 영향력이 이 정도라고?' 처음에는 수출에 성공한 드라마 이야기로만 여겼는데 들을수록 한류는 나에게도 또 다른 기회가 될 것 같단 생각이 들었다. 해외로 한복을 판매하고 있었지만 작은 아쉬움이 있었다. 구매하는 사람들이 모두 해외에 거주하는 '한국인'이라는 사실이었다. 한국인이 아닌 외국인들도 한복을 구매하게 만들고 싶었다. 고등학교 시절 일본 문화에 빠져 일본 밴드 음악, 일본 전자기기, 일본 여행, 일본어 공부까지 섭렵한 친구가 떠올랐다. '해외에서 그렇게 우리나라 콘텐츠가 영향력 있다면, 우리 문화에도 관심 가지는 마니아들이 있지 않을까? 일본 문화에 빠져 살던 내 친구 A처럼 말이야!' 우리가 일본이나 미국 문화를 수입해서 선망하고 즐겼던 것처럼 한국 문화도 외국에 거꾸로 소개해보고 싶다는 목표가 생겼다. 한류의 원조격인 K-드라마의 성공 사례를 보며 한복을 제2의 한류로 만들어보고 싶다는 꿈을 품은 것이다. 우리의 자랑스러운 한복을 세계에 알리면서 외화도 번다고 생각하니 가슴이 설레서 잠이 오지 않았다.

'외국인이 한복을 사고 싶으면 어디로 가려나? 현지에서 구할 데가 있나? 인터넷에서 시키나? 외국을 나가본 적이 있어야지…' 문제는 방법이었다. 창업 4년 차 작은 규모였던 수준에서는 해외 패션쇼를 열거나 외국에 한복숍을 내는 것은 불가능한 상황이었다. 현실적으로 할 수 있는 선택지는 한 가지밖에 없었다. 영어로 된 쇼핑몰을 만드는 것. '그래. 인터넷 쇼핑몰을 만들면 전 세계 누구든 접속할 수 있으니 더 확장성이 있겠지? 근데 이걸 어찌 만들지?' 문제는 언제나 방법에 있다. 손짱 홈페이지를 만들 때 책을 보며 어렵지 않게 만들었던 기억을 떠올리고 거기서 언어만 영어로 바꾸면 되겠지 생각했는데 착각이었다. 국내에 서비스되고 있는 쇼핑몰 툴은 블로그처럼 일정한 틀을 제공하고 약간의 디자인을 씌울 수 있는 구조다. 모든 메뉴 버튼 명칭을 영문으로 바꾸는 것은 틀을 바꾸는 일이라 아예 처음부터 개발해야 하는 영역이다. 홈페이지 개발비용을 알아보니 적어도 500만 원부터 천만 원 이상 부르는 게 값이었다. 해외 진출 꿈은 이렇게 사라지는가 좌절했지만, 희망의 끈을 놓지 않았다. 한국에 '카페24'•처럼 쇼핑몰 툴이 있듯이 외국에도 쇼핑몰 툴이 있지 않을까 싶었다. 사람 사는 곳이야 다 똑같으니 분명 한국처럼 틀을 제공해주는 서비스가 있을 것 같았다. '좋아, 내 구글링 실력을 보여주지.' 며칠을 검색한 결과 한국의 카페24와 같은 툴이 외국에도 존재했다. 당시 고정비 자신이 없었기에 처음 일정 비용을 내면 영구히 무료로 쓸 수 있는 CS-CART라는 서비스를 점찍었다.

수소문해 이 툴을 적용해 쓰고 있는 대표님들을 찾아가 만나고 다녔다. 몇몇 맘씨 좋은 분들은 운영상 주의해야 할 점, 자

• 간단한 회원가입을 통해 전자상거래 쇼핑몰을 개설해주는 전문 플랫폼

기가 해외 쇼핑몰 운영하면서 겪은 실수담 같은 것들을 전해주었다. "처음에 한국 개발자를 이용해서 영어사이트를 만들었는데, 망해서 다시 만들었어요. 우리는 인터넷이 빨라서 예쁘게 보이려고 영상도 넣고 사진도 넣잖아요. 그건 한국식이에요. 외국에선 그런 기능을 안 써요.", "해외 쇼핑몰은 서버를 한국에 두면 안 돼요. 외국인이 접속하기 때문에 그럼 서버가 느려서 사이트가 너무 늦게 뜨거든요.", "한국이 네이버라면 외국은 구글이에요. SEO라는 걸 잡아야 해요." 어디서도 들어본 적 없는 내용들이었다. 손짱을 창업하고 4년이 지나 이커머스 바닥에선 꽤나 안다고 생각했는데, 서버니 SEO니 모르는 용어들도 많았다. 몰랐더라면 수백만 원에 달하는 비용과 시간을 날릴 뻔했을 고급 정보였다. 단순히 언어만 영어로 바꾸고 외화를 받을 수 있는 시스템만 만들면 된다라고 생각했는데, 우리와는 다른 인터넷 체계, 쇼핑 방식과 문화를 이해하지 않으면 안 되는 일이었다. 해외 쇼핑몰 개설을 위한 스터디 모임에 가입하고 두 번째 웹사이트 만들기에 돌입했다.

매일 조금씩 버튼을 바꾸고 디자인을 입혀가며 6개월간의 사투를 이어갔다. 비전문가가 더듬더듬 홈페이지를 만들다 보니 완성까지 생각보다 많은 시간이 걸렸고 주변에서는 우려를 표했다. "한국인도 안 입는 한복을 외국인이 사겠어?", "한국에서 배송 보내려면 비쌀 텐데. 배송비가 비싸서 경쟁력이 없지 않을까?", "한복은 너무 시장이 작아서 수요가 없을 것 같은데…." 이런 말을 들을 때마다 조금씩 흔들렸다. 틀린 말이 아니었기 때문이다. 가장 혼란에 빠뜨린 말은 이것이었다.

"시장조사 해봤어?" "응, 구글에 쳐보니까 해외로 배송되는 한복 쇼핑몰이 하나도 없던데?" "하나도 없다고? 아무도 안 하는 데는 이유가 있을 거라 생각 안 해봤어?"

한복을 파는 곳이 어디에도 없다는 사실은 아무도 찾지 않기 때문일 거라는 친구에 말에 자신 없는 척하고 싶지 않아 내색은 못 했지만 '정말 그럴지도 몰라.'라는 생각이 들었다. '한국에서도 돌잔치나 결혼식 때 겨우 입는 한복인데, 정말 내가 괜한 일을 하는 걸까?'라는 생각이 들 때마다 큰돈 들이는 것이 아니라 직접 만드는 것이니 손해는 없다고 위로했다. 그렇게 마음먹은 지 약 1년이 지나 영문 웹사이트를 완성했다.

우여곡절 끝에 탄생한 해외 쇼핑몰은 국내 고객들과는 다른 특성을 보였다. 해외 쇼핑몰을 이용하는 고객의 반은 한국인 또는 한인이고, 반은 순수한 외국인이다. 가장 큰 매출을 끈 건 한복 드레스다. 외국에서는 기념일마다 크고 작은 파티가 열리고 파티에 참석하는 사람들은 드레스를 입는 것이 에티켓이기 때문에 한인, 외국인 할 것 없이 인기가 좋다. 외국 성인 여성의 옷장에 드레스가 몇 벌씩 걸리는 일은 흔한 일이다. 다음으로 인기 있는 건 아동 한복이다. 국제결혼이 많아지면서 한인 2세들 생일과 학교 문화축제 때 입는 코스튬으로 반응이 좋다. 신기한 건 한복 못지않게 한복 관련 소품도 아주 인기가 좋다는 사실이다. 한

| 창업 초창기, 오픈하기까지 1년이라는 시간이 걸린 손짱 영문 웹사이트

복 없이 버선이나 아동 꽃신, 복주머니, 떨잠(중진이 큰머리를 할 때 꽂는 떨림 있는 머리 장신구) 등만 구매하는 고객도 많다. 한번은 다 큰 성인 여성이 한복 드레스와 아동 꽃신을 주문했기에 잘못 주문한 것 아닌지 메일을 보냈더니 '한복 드레스는 생일에 입고, 꽃신은 생일 케이크 위에 데코레이션하려고.'라고 답장을 보내왔다. 주문한 당사자는 한국 문화 열혈 팬인데 학교에서 한국 문화 동아리를 만들어서 운영 중일 정도의 마니아라고 했다. 동아리에서는 K-pop 듣기, 한국어 배우기를 즐기고 본인 생일엔 김밥과

떡볶이 같은 한국 음식으로 차린 '한국식 파티'를 벌일 예정이라고 했다. 일본 밴드 음악을 듣고 일본어를 공부하고, 일본 여행을 가고 싶다던 고등학교 시절 내 친구를 보는 듯했다. 그런 생각이 들자 문득 소름이 돋았다. 상상한 대로 되었다 싶었다.

　한복과 관련된 모든 것을 올리다 보니 없는 제품을 구해달라는 요청도 꽤 들어온다. 돌잡이 할 때 쓰는 마패부터 명주실, 쪽머리 가발, 택견 옷, 부채춤 부채, 장금이가 머리에 쓰는 네모난 판(정식 이름은 '가리마'다) 등 요청도 다채롭다. 용어를 잘 모르는 외국인이 생김새만 가지고 영어로 요청하다 보니 퀴즈풀이처럼 돼서 뭘 구해달라는 건지 한참을 해석하는 일도 많다. 독자들도 다음과 같은 요구 사항을 한번 맞춰보길 바란다. [red and blue cover.] 빨강과 파랑 커버? 정답은 폐백이나 함에 쓰는 청색 홍색 보자기다. [wedding envelope.] 결혼 봉투? 정답은 신부가 신랑에게 보내는 예단 봉투다. 이렇게 요구 사항을 영어로 보내주고 나는 그것을 해석해서 사진을 찾아 보내주면 '맞다. 내가 찾던 게 그거다.' 하며 서로 기뻐하는 식이다. 재밌는 건 이런 물건을 구하는 사람들의 대다수 사람이 물건 본래의 목적대로 쓰기 위해 주문하는 건 아니라는 사실이다. 신발은 케이크 위 장식으로, 노리개는 커튼 장식으로, 보자기는 테이블 보와 같은 식으로 제멋대로 쓰인다. '잘못 주문한 거 아니니?'라는 메일에 답장을 받을 때면 '와, 이걸 이렇게 쓸 수도 있구나'하는 참신함에 무릎을 치곤 했다.

어느 날 한 남자가 '갓'을 구해달라는 요청을 했다. 상대는 정확히 갓 사진과 함께 'GAT'이라고 표현했는데, 갓 아래에 쓰는 hair band헤어 밴드(정확한 이름은 '망건'이다)도 함께 구해달라고 했다. 도대체 왜 외국인이 갓을 구해달라는 건지, 망건은 또 어찌 쓰겠다는 건지 상상이 되지 않았다. 그는 "사극 속 로얄royal 계층이 쓰고 있는 모자에 반했다. 굉장히 독특한 형태의 모자다. 나의 하얀 셔츠와 함께 쓰고 다닐 생각이다."라고 답했다. 조선 시대 신분제도를 모르는 이가 갓이 사대부 신분을 갖춘 자만 쓸 수 있다는 사실을 캐치한 부분이 보통 눈썰미는 아니다 싶었다. 내가 아무리 한복을 좋아해도 갓을 쓰고 다닐 생각을 해본 적이 없다. 스타일이 과하다는 느낌이었고 시대극에서나 사용되는 옛 물건

정도로 생각했는데, 이 남자 눈에는 스타일리시한 모자로 보였다니 이것이야말로 발상의 전환이었다.

외국인이 검정 갓과 흰 셔츠를 입고 도심 숲을 거닌다고 상상하니 소름이 돋았다. 분명 이 남성은 예술이나 문화계 쪽에 종사하는 사람이 아닐까 상상했다. 한편 그 남자 손님 덕분에 '갓 보내기 007 작전'이 펼쳐졌다. 갓은 본래 말의 꼬리인 '말총'으로 제작된다. 진짜 말총으로 제작된 갓은 제작 기간이 길고 고도로 훈련받은 장인의 손에서만 제작될 수 있어 시장에서 잘 유통되지 않는다. 행사용으로 쓰이도록 유연한 철제망사로 만든 기성품 갓이 일반적인데 철제로 만들어도 두께가 얇아서 충격에 금세 훼손되는 문제가 있었다. 쉽게 망가지는 갓을 어떻게든 해외로 보내기 위해 우체국 택배 박스를 확보했다. 박스 중에 우체국 박스가 제일 두껍고 단단하기로 소문이 나 있었기 때문이다. 도톰한 박스 두 개를 겹치고 신문지를 구겨 완충제를 만들었다. 갓 모정 부분을 꼭꼭 채워 넣고 박스와 갓 사이에도 신문을 채워 넣었다. 박스에 칼집을 넣어 높이를 낮춰 갓 높이와 똑같이 만들었다. 틈이 적어야 물건이 흔들리지 않고 파손이 최소화되기 때문이다. 갓 하나를 포장하는 데도 30분이 넘게 걸렸다. 배송비도 만만찮았다. 갓 가격은 3만 원 돈이었는데 부피가 커서 보내는 데만 4만 원이 훌쩍 넘었다. 걱정과 기대 속에 보낸 갓은 다행히 잘 도착했다는 연락을 받았다. 그는 실물이 더 멋있다며 만족스러운 메시지를 보내왔고 멋지게 쓰고 다니겠노라는 말을 남겼다.

이 손님을 계기로 갓을 아예 정식 상품으로 홈페이지에 올려놓았는데, 이후로도 쏠쏠하게 주문이 들어왔다. 한 달에 3~4건씩 주문이 있었다. 수백 가지 상품이 있다 보니 같은 물건이 서너 개만 나가도 높은 비율이다. 갓은 한동안 영문 웹사이트에서 많은 인기가 있었지만 아쉽게도 박스 포장의 번거로움, 높은 배송비, 파손의 문제로 판매를 중단하게 되었다.

그로부터 8년 뒤 넷플릭스 드라마 〈킹덤〉을 통해 갓의 인기가 뜨겁다는 기사를 접하다니. 새삼 그때 기억이 떠올랐다. 과거 그 남자 손님의 근황이 궁금했다. '그때 그 사람, 아직 셔츠에 갓을 쓰고 다니려나.' 한복은 이래야 해, 이 용도로 맞춰 써야 해, 라는 법칙에서 벗어나 새로운 쓰임을 상상하게 해준 나의 고객들이 그리워진다.

손품발품 팔아 메운 비전공 타이틀

내가 사랑하는 일이면 재미없는 공부도 재미있다.

고생도 행복하다.

창업하고 8년이 흐른 시점에 세컨드 브랜드 '리슬'을 만들었다. 첫 브랜드 '손짱'은 파티, 행사를 위한 예복이 메인이었다면, '리슬'은 일상에서 입을 수 있는 캐주얼 감성의 생활한복으로 콘셉트를 잡았다. 새롭게 탄생한 리슬의 한복 스타일을 두고 뭐라고 부를까 고민하다 '모던한복'이라고 이름 붙였다. 현대적인 디자인을 한복에 더해서 패션으로 재해석한 옷을 일컫는 말이다.

손짱의 퓨전 한복과 리슬의 모던 한복. 이 둘의 가장 큰 차이는 '생산 방식'이 다르다는 점이다. 리슬의 모던 한복은 '지금 당장 입을 수 있는 한복(옷)'을 추구하기 때문에 나이키나 아디다스처럼 즉석에서 사 입는 기성복을 지향한다. 그러려면 하나하나 주문받아 생산하던 손짱에서 패션 브랜드처럼 개발하는 방식으로 혁신이 필요했다.

　나름 손짱에서 얻은 n년간의 실무능력이면 가능할 것이라 생각했다. 그러나 이는 오산이었다. 처음 마주한 난관은 '늦지 않게 신상품을 만들어내는 일'이었다. 이전에는 2~3가지 디자인으로 3년, 4년 동안 버티기가 가능했지만, 어느 패션 브랜드처럼 되기 위해서는 6개월마다 새로운 디자인이 끊이지 않고 나와야 했다. 디자인 실력이 부족하다 보니 몇 개 되지 않는 가짓수의 신규 디자인을 만들어내는 데 끙끙댈 수밖에 없었다. 이때 대학원을 진학하기로 마음먹었다. 산림자원학과를 졸업한 이후 숙명여대 의류학과에 진학했다. 전문가가 되려면 이론적 깊이가 필요하다고 생각했기 때문이다. 혼자 도서관에서 책을 보며 익힌 것만으로는 부족하다고 느꼈다. 한복을 현대적으로 재해석하려면 결국 '오리지널'을 제대로 알아야 응용도 할 수 있다는 걸 알았다. 전주와 서울을 통학하며 새벽 버스를 타고 올라가 밤 12시에 내려오는 강행군을 할 때면 체력적으로 힘들었다. 과제가 주어지거나 시험기간이 돌아오면 그야말로 죽을 맛이었다. 지방과 서울을 오가며 학업과 사업을 병행하고 있었기에 남들보다 세 배로 시간을 효율적으로 써야 했다. 영업시간이 한참 넘도록 가게 문을 닫아놓고 밀린 업무를 하고 집에 들어가 잠을 아껴 공부했다. 몸은 힘든 시절이지만, 학교에서 하나하나 알아가는 한복의 역사에 기쁨이 더 컸다. 비전공자에 독학으로 내놓는 근본 없는 한복이라는 말을 듣고 싶지 않았다. 고등학교, 학부 때는 그렇게 공부가 하기

싫었는데 대학원 공부는 수준도 훨씬 높고 더 어려운 영역이었음에도 공부가 재밌었다.

디자인 영역에 어느 정도 자신감이 쌓인 이후에 맞닥뜨린 것은 '생산'이었다. 리슬은 일반 패션 브랜드와 같은 대량 생산 방식 체제가 필요했는데 나는 이런 과정을 배운 적이 없어 발로 뛰며 배웠다. 정보가 하나도 없을 땐 인터넷을 뒤져 찾은 주소 하나 들고 공장을 찾아갔고, 우리 조건은 못 해준다는 사장님을 졸라 다른 공장을 소개받고, 친분을 쌓은 원단 집을 통해 "요새 바지 잘 만드는 공장 아시는 데 없어요?"라며 조금씩 정보를 얻는 식이었다. 연락처 하나 들고 모르는 사람을 찾아가고, 너스레를 떨며 작업 좀 해달라고 말할 정도의 붙임성이 있는 성격이었느냐? 전혀 아니다. 쌀쌀맞게 대꾸조차 하지 않는 사장님들을 대하기 위해 속으로 떨면서 10번은 연습하고 할 말을 종이에 적어가기도 했다.(난 창업 이후 성격이 내향성 I에서 외향성 E로 바뀌었다.) 만들어줄 공장을 찾았다 해도 끝이 아니었다. 실력은 좋은지 작은 일이라도 맡겨서 확인해보는 일이 필요했다. 처음에는 잘 맞다가도 나중 가서는 납기나 여러 조건을 이유로 헤어지는 곳들도 부지기수기 때문이다. 퀄리티, 단가, 소통 다양한 조건에 딱 맞는, 그야말로 손발이 맞는 파트너를 찾는 것은 직접 경험해보지 않고는 알 수 없는 일이다.

개인적으로 가장 어려운 일은 '작업지시서'를 만드는 일이었다. 작업지시서는 마치 건축 도면과도 같은 것으로 이 옷을 어떻게 만들어야 하는지 그림과 소재 정보, 재봉 정보가 적힌 문서다. 줄여서 '작지'라고 부르는데, 머릿속에 있는 것을 꺼내서 보여주는 디자이너의 가장 중요한 소통 수단이라고 할 수 있다. 패턴사, 재단사, 재봉사 모든 팀이 이 작업지시서를 중심으로 일을 하기에 구체적이고 빠짐없이 객관적으로 정보가 적혀 있어야 한다. 그렇지 않으면 디자인이 잘못 이해되어 전혀 다른 옷이 탄생한다. 초창기 손짱 시절에는 A4용지에 볼펜으로 옷의 전체적인 모습을 그려내고 각 부위에 화살표를 달아서 원단 번호나 치수를 적어 보관하곤 했다. 적어놓지 않으면 제작할 때마다 등길이가 몇 cm였는지, 가슴에 달린 끈 길이를 몇 cm로 했었는지 헷갈려서 잘못 제작되었기 때문이다. 떠올려보면 당시 작지라는 게 있

는지 모르고 실수를 줄이기 위해 만든 자구책이었는데, 이게 패션업계에서 쓰는 작지의 초보적인 모습이었다는 걸 나중에 알게 되었다.

작업지시서가 어려운 이유는 그림의 선 하나, 표기 하나에 따라 완성된 옷이 완전히 달라지는데, 이는 시간과 비용으로 연결되기 때문이다. 본품 옷을 대량으로 생산하기 전에

항상 샘플을 미리 만든다. 완벽한 옷이 나올 때까지 이 샘플 작업을 몇 번이고 반복한다. 샘플링 한 번 하는 데 수십만 원 비용이 들기 때문에 두 번, 많아도 세 번 안에 해결보는 게 좋다. 두세 번 안에 완벽하게 옷을 구현해내는 것은 엄청난 실력을 필요로 한다. 처음엔 능력이 부족해 몇 번씩 반복해서 샘플 작업을 하다 협력사와 거래가 끊긴 일도 있었다. 한눈에 맘에 들었던 A 원단을 이용해 샘플 원피스를 만들었는데, 완성된 모습을 보니 내가 원하는 질감과 두께와 모양이 아니었던 적도 있었다. '뭐야, 내가 고른 원단 맞아? 다른 원단으로 잘못 만든 거 아냐?' 싶은 생각이 들어 견본 원단을 몇 번이고 대봤는데 내가 고른 것이 맞았다. 손바닥만 한 크기의 원단 견본을 볼 때와 큰 사이즈로 탄생했을 때의 느낌은 전혀 달랐다. 그래서 원단을 바꾸어서 다시 샘플을 진행했다. 이번에는 사이즈가 이상했다. 가슴이 답답하고 쪼이는 느낌이 들었다. 사이즈를 수정해서 다시 샘플을 진행했다. 세 번째 받은 샘플에선 지난번 디자인 품평 시 보이지 않던 주머니가 거슬렸다. 주머니 디자인을 새롭게 바꾸어서 네 번째 샘플을 진행했다.

샘플을 볼 때마다 전에 안 보이던 수정 사항들이 계속해서 생겨났고, 3번, 4번, 5번… 3개월이 넘도록 계속되는 샘플링에 결국 항의 전화가 왔다. "아니, 도대체 몇 번이나 이 옷을 다시 만들 겁니까? 메인 작업으로 넘어가야지. 옷만 만들다 판나겠어요. 우리가 이 옷만 잡고 있을 수도 없고, 이제 더는 작업 못 해요." 만족스럽지 않아 몇 번이고 다시 만들던 그 옷은 더는 작업을 안 받겠다는 이야기에 결국 공중분해되었다. 수십, 수백 개를 작업하는 협력사 입장에서는 빠르게 디자인이 종결되고 다음 작업으로 넘어갈 수 있도록 수정사항이나 의사를 한 번에 정확하게 전달했어야 하는데 한 디자인을 가지고 한 번 고칠 때마다 없던 수정사항이 생겨나니, 항복할 수밖에 없었던 것이다. 소통을 몇 번 해보고 내가 경험이 별로 없는 것을 눈치챘던 것일 수도 있다. 단순히 비용과 시간의 문제를 넘어 긴박하게 비즈니스와 직결되는 제조 생산 현장 생태계를 모르는 나의 무지함과 아마추어리즘에서 비롯된 실수였다.

한번은 재킷을 그려서 보낸 일이 있었다. 겉감은 어떤 원단

한복 제작 과정에서 가장 어려운 '작업지시서' 작성.
원단과 서류 등 여러 번 꼼꼼히 확인해도 부족한 부분이 생겨 마음고생이 많았다.

으로 하라고 적어 보내었지만, 안감을 따로 기재하지 않았다. 그 랬더니 안감 없는 재킷이 완성되어왔다.

"안감 없이 작업을 해주시면 어떻게요? 재킷인데 당연히 안 감을 넣어주셔야죠."

"안 써 있으니 없는 줄로 알지, 당연한 게 어딨어요. 안감이 없는 옷도 있는 거지. 우린 쓰인 대로 할 뿐이죠."

안감으로 한참을 싸웠다. 상대 말이 맞다. 내가 당연하다고 생각하는 것도 상대에겐 당연하지 않다. 내가 무심코 표기하지 않거나 누락한 정보는 고스란히 옷에 반영되어 도착했다. 이런 일도 있었다. 원피스 앞면에 뚜껑 달린 주머니 디테일이 있는 디 자인을 원했다. 그림으로는 이해가 잘 안 될까 싶어 참고 이미지 를 옆에 첨부하기로 했다. '이번엔 내가 주머니 모양까지 상세하 게 다 그려서 놓치는 게 없도록 해야지.' 그런데 주머니 참고 사 진을 넣을 자리가 마땅찮았다. 지면이 좁으니 원피스 그림 위에 포개서 주머니 참고 사진을 겹쳐서 작업지시서를 완성했다. 얼 마 후 엉덩이 부분에 주머니가 붙은 원피스가 도착했다. 나는 주 머니 모양을 참고하라고 넣은 이미지였고, 지면이 부족해 도식화 위에 올려놓은 것이었는데 이 작지를 본 제작소에서는 엉덩이 위 에 주머니가 붙은 형상인 줄 알았다고 말하는 것이다. '이야, 모 르고 보니 진짜 그렇게 보이긴 하네.' 헛웃음이 나왔다. 이 작업 지시서를 처음 본 사람이라고 생각하고 보니 정말 주머니가 엉덩 이에 붙은 그림처럼 보였다. 이 사건 뒤로 지면이 부족하다면 페이지를 넘겨 뒷부분에 필요한 의도를 정확히 쓰는 방식으로 바꾸었다. 또 한 번은 허리선 아래로 주름이 잡힌 원피스를 디자인한 일이 있었는데, 빨간 원단으로 제작되어야 한다는 사실을 표현하려는 의도로 원피스에 색을 칠했다. 얼마 뒤 주름이 없는 플레어 스커트가 도착했다. '이번엔 제대로 그림도 그렸고, 오해할 만한 표시도 하지 않았고, 색까지 정확히 표현했는데 이번엔 왜?' 다시 출력된 작지를 확인했더니 색을 칠하는 과정에서 치마 주름선이 색에 묻혀 주름이 없는 그림처럼 보이는 것이 아닌가! '아이코, 잘 이해할 수 있게 입힌 색이 문제였네.' 그것 하나가 뭐 그리 대수냐고 생각할 수 있는 얇은 선 하나가 있고 없고에 따라 주름 치마가 플레어 치마가 되기도 하는 것이 생산 현장이었다.

메모 하나, 숫자 하나, 선 하나만 잘못 기록하거나 누락해서 사고가 난 옷도 부지기수다. 손해로 따지면 몇천만 원 이상은 까먹었을 것이다. 그 경험이 나에겐 수업료였다. 사고가 나면 몸도 마음도 힘들지만, 한편으로 이런 손품, 발품이 곧 나의 실력이 된다고 생각하면 고생 역시 자처하게 된다. 내가 이토록 한복을 사랑하지 않았다면, 이런 고생 2년 하고 진즉 그만뒀을 것이다.

손짱에서 리슬로 점프업한 순간

경험은 머리에 있던 것을
가슴으로 내려오게 만든다.

　사업을 하다 보면 갑작스레 도약하는 순간이 있다. 매번 비슷한 자리에 있는 것 같고 더딘 성장에 이 길이 맞나 싶을 때쯤, 뻥튀기처럼 '펑' 터지는 순간이 반드시 찾아온다. 경제학에서는 기업이 혁신적으로 도약을 하는 것을 '퀀텀 점프Quantum Jump'라고 부르는데 나 역시 2차례 큰 변화를 겪었다.

　첫 번째 점프는 돌복가족세트를 개발해서 대여를 시작했던 일이다. 십여만 원 수준의 월매출이 몇백만 원 단위로 커지게 된 지점이었는데, 그냥 내가 만들고 싶은 한복을 만든다는 개념에서 한복을 필요로 하는 시장에 맞춘 상품을 개발하게 된 게 가장 큰 요인이었다. 실제 지불 의사가 있는 고객들이 한복을 필요로 하는 순간인 '돌잔치'라는 시장에 꼭 맞는 스타일을 선보인 점이 잘

먹혔다. 젊은 감각의 아이 엄마들이 선호하는 모던한 색감과 스타일, 머리부터 발끝까지 장신구 일체를 빌려주는 원스톱 서비스로 인기를 끌었다. 그러나 성장이 있으면 침체도 있는 법. 금세 비슷한 상품이 따라 나오며 수많은 후발 주자들이 나타났다. 돌잔치를 하는 수요는 정해져 있는데 대여점은 많아지면서 치열한 마케팅, 후기 프로모션, 가격 경쟁 등이 심화되었고 결국 다른 돌파구를 찾아낼 수밖에 없었다.

그러면서 혼수 시장으로 확장, 오프라인 매장 개설, 해외 쇼핑몰 런칭, 해외 유학생 한복 드레스 판매 등 다양한 루트를 넓혀 나갔지만, 폭발적인 성장을 만들기는 어려웠다. 두 번째 점프는 '리슬'을 런칭하며 시작되었다. 2014년 8월, 창업 8년 차가 된 지점에 여러 시행착오 끝에 만들어진 미인도 한복 시리즈로 '손짱'이 아닌 '리슬'이라는 이름으로 2막을 맞이했다. 이름이 달라진다는 건 단순히 호칭이 바뀌는 것 이상의 의미다. 결혼과 돌잔치, 프롬 파티와 같은 예식을 위한 옷에서 청바지, 티셔츠와 같은 일상복과 같은 형태의 옷으로의 전환을 선포하는 의미가 있다. 한복을 '패션'으로 개념을 바꾼 새로운 카테고리의 등장이었다.

이미 시중에 생활한복이라는 개념이 있었지만, 리슬이 추구하는 것은 그것보다 진화된 개념이었다. 생활한복은 50대 이상 시니어층에서 주로 소비하다 보니 중년 옷이라는 인식이 강해 2030 세대가 입기 어려웠다. 노동복, 일복, 절복 등 불리는 호칭에서 알 수 있듯이 편의성과 자연주의적 감성이 중심이었다. 생

새로운 개념의 한복을 만들어내기 위한 두 번째 도약으로 '리슬'이 탄생했다.

활한복을 입는 사람은 특정 직업, 사상이나 종교를 가지고 있을 것 같다는 사회적 분위기도 한몫했다. 한복이 패션이 되려면 편견이 깨져야 한다. 패션은 이래야 한다는 법칙이 존재할 수 없다. 패션이 가진 다양한 무드(우아함, 섹시, 펑크, 스트릿, 화려함, 클래식 등)가 한복에도 녹아들 수 있게 만들고 싶었다. 선글라스와도 입을 수 있고 청바지, 하이힐과도 매치되는 한복! 저고리를 배꼽티처럼 내어 입거나 바지 위에 한복 치마를 둘러 입어도 되는 공식 없는 옷! 그것이 리슬이 추구한 새로운 생활한복 개념이다.

세상에 존재하지 않던 새로운 개념의 한복을 두고 뭐라고 부를지 고민했다. 우선은 '생활한복', '캐주얼 한복', '패션 한복', '모던한복' 다양한 이름으로 혼용해서 불렀다. (현재는 모던한복이라는 말로 고정해서 부른다.) 새로 생겨난 스타일 한복이다 보니 업계에서도 명칭에 대해서 합의가 되지 않고 부르고 싶은 대로 불렀다. 새로운 한복이 탄생하는 과도기였다.

리슬이 탄생한 결정적 동기는 '한복 입기 100번 프로젝트' 덕분이었다. 1년 365일 중 100일을 한복을 입고 생활하고 일상을 찍어 블로그에 공유하는 활동이다. 1년 365일 중에 1/3은 입을 수 있겠지 싶어 100번을 목표로 정했다. 블로그 글을 올린다고 한복 입는 문화가 한순간에 만들어지진 않겠지만, 나비효과를 기대했다. 내가 본보기가 되어 평상시 한복 입는 모습을 보여주면 열 명이든 스무 명이든 공감하는 사람이 조금은 생기고 한복 산업도 활성화되지 않을까 하는 의도였다.

1월 1일 새해 첫날. 첫 시도는 전통한복으로 시작했다. 연습용으로 만들었던 한복, 치수를 잘못 만들어 납품하지 못한 한복, 견본으로 제작해 진열해두었다가 색이 바래 팔지 못한 한복이 전부 내 차지가 되었다. 한복을 만드는 한복쟁이인 나조차 한복을 입고 밖으로 나간다는 게 어찌나 큰 용기가 필요한 일이던지. '왜 한복을 입었느냐고 물으면 뭐라고 답하지? 사람들이 이상하다고 하면 어쩌지?'라는 생각에 신경이 쓰였다. 누가 묻거든 새해라서 입었다고 말하겠다 마음먹고 첫 한복 생활을 시작했다. 생각보다 호의적인 반응이 대부분이었다. 눈치를 주거나 왜 한복을 입었냐고 묻는 사람들은 없었다. 하지만 뭔가 모르는 불편함이 있었다. 평소 입던 옷과 형태가 달라 행동거지가 어색해진다든지, 밖을 나설 때면 온갖 시선이 나에게 몰리는 것만 같아 어깨가 위축되는 기분이 들기도 했다.

전통한복을 입은 날마다 에피소드가 끊이질 않았다. 계단을 오르다 밟혀서 치마가 찢어지기도 하고, 밥을 먹다 국그릇에 고름이 빠지기도 했다. 길거리를 걷는데 한 중년 여성분이 다가와 "에구머니나, 아가씨. 옷고름 다 풀렸어. 어서 묶어."라고 다급하게 귓속말한 적도 있었다. 입고 난 한복을 평소처럼 세탁 바구니에 내놨다가 "드라이클리닝을 해야지, 이걸 내놓면 어떻게 해!"라며 엄마에게 한 소리 듣기도 했다. 전통한복의 치마 길이, 크고 넓은 고름, 넓은 소매는 일상생활하기가 쉽지 않았다. 특히나 화장실 갈 때가 곤욕이었다. 치마 안에 입는 크고 풍성한 속치마를 바닥에 끌리지 않게 부여잡아야 하는데, 화장실 바닥에 물기라도 있는 날에는 거의 죽음이었다. 이러다 100번은커녕 10번도 못 입겠다는 생각에 편한 생활한복이 떠올렸다. 간소화된 형태라서 확실히 활동이 쉽고 편해 보였다.

문제는 시중에 있는 생활한복 스타일이 대부분 시니어층에 맞춰져 있다는 사실이었다. 황토 염색, 감물 염색, 항아리 바지, 크고 화려한 꽃무늬 장식 같은 식이다. 착장 사진 역시 중년들이었고 구매처 사진 역시 합장하고 있거나 사찰 앞에서 찍는 등 패셔너블하기보다는 무거운 이미지가 느껴졌다. 패션에 정답은 없다지만 내 스타일은 아니었다. 아쉬운 대로 가장 무난하고 장식 없는 흰 저고리와 치마 등을 사서 입었는데, 이번엔 사이즈가 문제였다. 가장 작은 스몰(S) 사이즈도 나에게는 남의 옷처럼 컸다.

잘못 보낸 것 아니냐고 물으니, 부인복 스몰 사이즈와 미혼 여성 스몰 사이즈는 다르다는 거였다. 주 소비자가 중년이었기 때문에 디자인이며 사이즈, 모든 게 20대인 나에게는 적절하지 않았던 것이다. 한복을 나름 쉽게 공수할 수 있었던 나였음에도 불구하고 결국 한복 100번 프로젝트는 고작 20여 번 입고 실패로 끝났다. 매일매일 한복을 준비해 갖춰 입는 게 쉬운 일은 아니었다. 매번 맞춤을 해서 입기엔 시간과 비용이 너무 많이 들었고, 시중에 있는 생활한복은 중년 나이층에 특화되어 한계가 있었다. 비록 한복 100번 입기 프로젝트는 실패로 끝났지만 나는 5가지 엄청난 인사이트를 얻을 수 있었다.

1. 디자인을 바꿔야 한다.

한복을 일상복으로 입으려면 전통한복이 아닌 일상복 형태여야 한다.

2. 소재를 바꿔야 한다.

동정을 매번 갈고 드라이클리닝할 수 없다. 집에서 기계세탁 가능한 소재를 써야 한다.

3. 생산 방식을 바꿔야 한다.

바쁜 현대인에게 맞춤은 어렵다. 기성복 형태로 청바지처럼 사 입을 수 있어야 한다.

4. 착용 공식을 바꿔야 한다.

속치마, 속저고리 없이도 입고 치마 방향, 고름 묶는 방식 등 예법을 따지지 않고 입을 수 있어야 한다.

5. 보여주는 방식을 바꿔야 한다.

생활한복은 중년만 입는 것인가? 단아하고, 정갈하기만 해야 하나? 빌딩 숲에서도 어울리고 트렌드에도 뒤처지지 않는 스타일을 만들 수 있다.

한복 입기 100번 프로젝트 전에는 '한복을 일상에서 입는 다'를 실현하기 위해선 디자인만 세련되고 멋지게 바꾸면 될 것으로 생각했다. 그런데 직접 입어보니 소재, 세탁, 구매 방법, 착용 방식, 치마 길이 하나까지 세심하게 생활 환경에 어울리게 바꾸지 않으면 안 된다는 것을 알게 되었다. 완전히 '패션'에 맞게 패러다임을 바꾼 한복으로 탄생해야 한다는 것을 체득하게 된 것이다.

가만히 앉아 한복을 활성화하려면 어떡해야 하지 하며 고민했다면 이런 답을 얻지 못했을 것이다. 한 번의 강렬한 경험이 '왜 한복을 입지 않는 것인지'라는 질문에 답을 보여주었고 그 길로 리슬이라는 점프의 열쇠를 찾을 수 있었다. 나에게 '한복을 하고 싶어요, 무엇부터 할까요'라고 묻는 질문에 '먼저 많이 입어보라'고 답한다. 경험의 너비가 이해의 너비가 되기 때문이다. 머리로 아는 것과 가슴으로 아는 것은 하늘과 땅 차이다.

코로나를 기회 삼아 만든 한복 홈웨어

넘어지면 넘어진 김에

잠깐 쉬어라.

당신이 어느 브랜드의 대표라고 치자. 매달 지출되는 고정비가 수천만 원 수준이다. 그런데 준비해둔 제품을 판매할 수 없게 되었다면 어떻게 하겠는가. 인건비는 둘째치고 숨만 쉬어도 나가는 돈을 어떻게든 모아야 하는 상황이다. 어떻게 해야겠는가? 5분, 10분이면 출구가 보일 거라고 예상했던 터널이 1시간, 3시간을 걸어도 끝이 보이지 않는다면 어떤 생각이 들까? '터널이 길어봐야 얼마나 길겠어? 곧 출구가 나오겠지.'라는 가벼운 생각이 점점 두려움으로 바뀌고 무엇을 해야 할지 알 수 없는 당혹감에 혼란스러울 것이다. 2020년 2월 우리에게 다가온 코로나19로 인해 바뀌어버린 일상이 딱 그런 느낌이었다.

코로나19가 전국적으로 확산했었을 때 처음엔 그런가 보다

했다. 코로나19 이전에 있었던 메르스나 사스 같은 감염병 정도로 여기고 '몇 달 조심해야겠네' 하는 수준으로 받아들였는데, 날이 갈수록 심각해졌다. 주변에서 사업하는 분들이 어려워졌다는 소식이 들려왔다. 관광업을 하시는 지인 대표님은 회사 사정이 어려워져 최소한의 생계라도 유지할 수 있는 대출을 받기 위해 며칠 내내 서류만 가지고 이 기관, 저 기관 돌아다니는데 자기 자신이 처량하고 불쌍해 보였노라는 한탄의 글을 매일같이 올렸다.

우리도 상황이 어려워진 건 마찬가지였다. 한복은 여행 갈 때, 데이트할 때, 친구를 만날 때 등 야외에서 활동복으로 입는 옷인데 모임 자체를 할 수 없게 되었으니 말이다. 이미 봄과 여름을 대비해 '한복과 함께 꽃놀이 가자, 봄 여행을 떠나자, 바캉스 즐기자'는 내용으로 '여행 앤 리슬'이라는 슬로건까지 준비해둔 터였는데 모두 무용지물이 되었다. 우리 팀은 곤경에 빠졌다. 먼저 난색을 표한 건 매장 매니저들이었다. "지나다니는 사람 자체가 없어요. 요즘 고객들에게 매장에 들러 달라 이야기하는 것 자체가 민폐라 권유도 못 하고요. 혹시나 매장에 오신 분들 중 확진이라도 나면 그야말로 큰일이에요." 확진자가 다녀간 매장이라고 소문이라도 나면 브랜드 이미지 실추는 물론이고 며칠 동안 문을 닫아야 했으니 심각한 문제였다. 지역사회에서는 코로나 확진자가 다녀간 가게는 삽시간에 소문이 퍼졌고, 커뮤니티와 인터넷으로 정보가 공유될 정도였다. 고객이 안 오면 매출이 생기지 않으니 문제였고, 고객이 오면 코로나19에 감염되진 않을까 문제였다. 고객이 많이 오는 것을 두려워해야 하는 상황이라니 아이러니였다. "그럼, 온라인 쪽으로 홍보를 강화하면 어때?" 비대면 소비시장이 커져간다는 이야기에 온라인으로 승부를 보자고 의견을 내었지만 이 역시 쉽지 않았다. "대표님, 밖에 나가자고 말을 꺼낼 수조차 없는데 도대체 뭐라고 홍보해야 합니까?" 마케팅팀은 절규했다. 한복 입고 여행, 나들이를 떠나자는 홍보 메시지를 내보냈다가는 여론의 뭇매를 받을 게 분명했다. 모임을 자제하고 여행도 갈 수 없게 된 마당에 야외활동을 독려하는 마케팅을 벌일 순 없는 노릇이었다. 나 역시 어떻게 하면 좋을지 겪어보지 못한 상황에 아이디어가 없는 것은 마찬가지였다.

개업 이래 초유의 비상사태였다. 세워둔 리슬의 방향성이 코로나19로 송두리째 흔들렸기 때문이다. 코로나19는 우리 계획을 완전히 어그러뜨렸다. 이건 마치 해외여행 온 배낭객이 미리 다 알아보고 숙박 예약까지 잡아둔 호텔에 도착해보니 어젯밤에 호텔이 불타서 없어졌고, 지금 당장 잘 곳이 없다는 이야기를 들은 느낌이었다. 뭘 해야 할지, 어떻게 해야 할지 우리 팀원들은 눈을 꿈뻑이며 대표인 나만 쳐다보았고, 나는 무슨 일이든 해야만 했다.

고민 끝에 우리가 당장 시도할 수 있는 일을 하자는 결론을 내렸다. 너무 복잡하고 어려워서 오래 준비해야 하는 일이 아닌 이미 우리가 가진 자원과 인력을 활용해서 당장 해볼 수 있는 것들을 하기로 했다. 큰 매출이 일어나지 않더라도 손을 놓고 있는 것보단 낫다고 생각했다.

처음 한 일은 면 마스크를 만드는 일이었다. 뉴스에서 마스크 공급이 부족해서 마스크 구매가 어렵고 어르신, 아이와 같은 보호 계층조차 마스크를 쓰지 못하고 있다는 뉴스를 접한 뒤였다. 마스크 만드는 부속과 원재료 역시 동날 정도로 난리였고 온라인상에서는 아이가 쓸 마스크를 웃돈을 주고라도 구한다는 글이 실시간으로 올라왔다. '그래. 당분간 한복이 아니라 필요한 것을 만들자.' 마스크는 우리가 가진 원단과 재봉기술이라면 충분히 만들 수 있었다. 제품을 홍보하는 대신, 마스크를 무료로 나눠 준다는 홍보물을 만들어 캠페인을 벌이기로 했다.

한복을 만들기 위해 준비했던 옷감 중 입과 코에 닿아도 괜찮은 부드러운 면 소재만 골라 마스크용으로 변신시켰다. 옷감에 들어가는 부속을 구하는 대신 마스크용 고무줄을 구하러 다녔다. 동대문 시장에서도 고무줄이 품귀현상이 일어날 정도였고, 거래처 사장님께 간곡히 부탁한 끝에 일주일을 기다려 고무줄을 겨우 구할 수 있었다. 준비된 원단과 고무줄을 하나하나 재단해서 1천 개의 마스크 키트를 만들었다. 빠르게 배포하기 위해 완제품이 아닌 직접 제작하는 DIY 방식의 키트 나눔 방식을 준비했고 누구든 따라 만들 수 있게 설명서와 마스크 패턴을 그린 자료, 만드는 방법을 찍은 동영상을 함께 준비했다. 무료 나눔을 시작한 지 5분 만에 홈페이지는 다운되었고 동시에 마스크는 동이 났다. 마스크가 필요한 사람이라면 누구나 사용할 수 있게 자료에 저작권을 두지 않고 완전히 공개해서 온라인에 올려두었다. 한 선생님은 마스크 만들기 자료를 학교에서 활용해도 되느냐며 문의해왔고, 셧다운되어서 마스크를 구하기 위해 나갈 수조차 없다던 해외 교민으로부터 감사 메시지를 받기도 했다. "정말 필요했던 건데 고맙습니다. 집에 있는 재료로 따라 해보겠습니다." 한복이 될 뻔한 원단들이 마스크가 되었지만, 마음만은 부자가 된 기분이었다.

필요한 일을 했다는 뿌듯함 뒤에 다음 스텝에 대한 고민이 따라왔다. 잠깐 버티면 될 것으로 생각했던 어두운 터널은 끝날 기미가 보이지 않았다. 한복업계는 물론 모든 소비시장이 꽁꽁 얼어붙었다. 여름 끝물에 경복궁 인근에서 한복 대여점을 운영하는 대표는 눈물의 폐업을 한다는 글을 SNS에 올렸다. 고객의 90%가 외국인 관광객들이었는데 하늘길이 막히면서 월세조차 감당할 수 없는 상황이 되었고 버티고 버티다 이제는 문을 닫는다는 내용이었다. 명동에서 4대째 이어오던 유명한 한식당 대표도 가게를 접는다는 이야기가 들려왔다. 오히려 하루라도 빨리 가게 문을 닫는 것이 매달 지출되는 천만 원 넘는 고정비를 아끼는 일이라고 했다.

우리나라 대표 상권인 명동, 경복궁도 이러한데 리슬 2호점이 있는 홍대라고 다를 바 없었다. 리슬 홍대점에 하루 한 명의 방문객도 오지 않는 일이 부지기수였다. "대표님, 오늘도 빵 먹었어요. 개미 한 마리 지나다니지 않아요." 빵 먹었다는 것은 하루 매출이 0원이라는 우리끼리의 은어다. 손님도 오지 않는 매장에 종일 앉아 있는 일은 고역 중 고역이다. '단축근무를 할까? 월, 화는 쉰다고 할까?' 별의별 방안을 다 떠올렸지만 임시방편일 뿐 해결책은 아니었다. 100년 가는 브랜드를 만들고 싶었는데 이제 겨우 14년 만에 문을 닫을 수는 없었다. 이제는 코로나19에 맞서서 장기전을 대비해야 하는 시점이었다. '여행도 외출도 막혔는데 하반기 시즌엔 어떤 제품을 만들어야 하지?' 봄여름이 가고 다음 가을겨울이 다가오는데 어떤 디자인을 선보여야 할지에 대한 고민이 깊어져 갔다.

패션 시장에는 큰 변화가 일고 있었다. 루이비통, 버버리 등 유명 브랜드는 자기네 아이덴티티를 담은 패션 마스크를 출시하며 화제를 일으켰다. 마스크 하나에 십만 원이 훌쩍 넘는 가격에도 인기라는 기사를 읽었다. 핸드백, 신발을 넘어 마스크가 생활 필수품이자 하나의 패션 아이템으로 부상하게 된 것이다. '그래! 피할 수 없으면 즐기는 것도 방법이지. 마스크를 꼭 써야 된다면 멋지게 쓸 수도 있는 거잖아? 전통을 담은 마스크를 디자인해보는 거야.' 몸에 걸치는 모든 것이 패션이 될 수 있는 것 아닌가. 한복에 어울리는 마스크라는 콘셉트 아래 전통문양을 활용한 디자인을 선보였다. 상서로운 기운으로 사악함을 물리친다는 용 문양을 마스크 중앙에 나염했는데, '코로나19를 물리친다'는 의미를 담은 것이다. 전통 금박을 연상시키는 골드 빛으로 포인트 주었기에 전통미도 느껴지고 흰색, 검은색이 전부인 마스크들 사이에서 독보적으로 시선이 쏠렸다. 쓰고 나가는 날에는 임금님 대우를 받기도 했다. 저고리, 치마는 아니지만 전통 요소를 담아서 만든 디자인이라 보는 모두가 '리슬스럽다'고 평가했다. 옷에 국한하지 않고 한국적인 것을 담아 리슬답게 만들면 그것 역시 일상에 전통을 전하는 또 다른 방법이었다.

코로나19가 기회가 되어 한복 마스크라는 새로운 아이템이 만들어진 꼴이다. 불현듯 아이디어가 떠올랐다. "마스크처럼, 지금 이 시국에 입을 수 있는 한복을 개발해볼까? 야외활동을 못 하면 실내에서 입는 한복을 만들면 되지!" 사회적 거리두기로 야

| 코로나19를 물리친다는 의미를 담은 전통 금박 마스크

외활동이 막힌 탓에 홍보도 할 수 없다고 생각했는데 그것을 역으로 이용하는 아이디어였다. 리슬 브랜드 콘셉트를 '실내용 한복'으로 전면 수정했다. 여행 한복 계획을 버리고 실내에서 편하게 입고 생활하는 것은 물론 간단한 외출복 겸용으로 입을 수 있다는 콘셉트로 한복 홈웨어를 선보였다. 할아버지, 할머니가 생활복으로 입던 여름 모시옷에서 영감받아 파파한복이라는 이름을 붙였다. 집에서 입는 생활복이니만큼 피부에 편안한 면 100% 소재로 만든 반바지, 반팔 소매 저고리로 구성했다. 기존의 잠옷이 화려한 꽃무늬, 캐릭터 그림이 그려져 있다 보니 외출복으로 입기에는 불편함이 있다는 점에 착안해서 집 밖 슈퍼나 편의점에 입고 가도 괜찮도록 흰색, 검은색, 파란색의 심플한 색으로 마무리했다. 동정이나 고름 없이 단추로 입고 벗는 저고리 디자인

에 주머니를 달아서 휴대폰 같은 간단한 소지품을 넣을 수 있게 했다. 얼핏 보면 실내복이지만 굉장히 차려 입은 캐주얼 옷처럼 보이는 디자인이었다. 바지에는 고무줄을 넣었고 몸을 옥죄지 않고 헐렁하고 여유롭게 만들어 기존보다 더 넓은 소비자층을 유도했다. 결과는 대성공이었다. 집에서 입는 편한 한복이라는 콘셉트로 상반기 곤두박질쳤던 매출을

어느 정도 회복할 수 있었다.

　　고객들 역시, 외출이 잦아든 요즘 입기 딱 좋은 옷이라며 지갑을 열었다. 면으로 된 옷이라 편한 것은 물론이고 재택근무할 때 입으면 화상 카메라 화면에서 비치는 상의는 마치 셔츠를 챙

| 야외활동이 제한된 것을 기회로 출시하게 된 실내용 패션 '피피한복'

겨 입은 듯했고 잠옷인데 잠옷 같지 않아서 매일같이 입게 된다며 높은 만족감을 보였다. 자신감을 얻어 집에서 입기 좋은 한복, 실내에서 입을 수 있는 한복 상품을 늘려갔다. 코로나를 기회 삼아 한복 홈웨어라는 새로운 아이템이 생긴 것이다. 만약 기존에 준비한 여행용 한복을 고집하고 코로나가 끝나기만을 기다렸다면 어땠을까? 아찔하다. 아마 고정운영비를 줄이기 위해 홍대점은 물론이고 전주 본점까지 강제로 문을 닫았을 것이다. 3년이 넘도록 코로나는 끝나지 않았으니 말이다.

처음에는 '왜 이런 일이 생겼나.' 안 좋은 상황을 탓하며 준비한 계획이 엎질러졌다는 무력감에 모든 일에서 손을 뗐다. 하지만 고난은 더 많은 고민과 시도를 하게 만들었고 그것을 통해 리슬은 다시 한번 성장의 기회를 마련했다. 목표를 이뤄가는 길이 늘 순탄할 수만은 없다. 막혀 있으면 돌아가거나 쉬어가고, 넘어졌으면 다시 일어서면 된다. 틀리면 다시 하면 되고, 부족했으면 다음에 잘하면 된다. 중요한 것은 멈추지 않고 뭔가를 다시 시도하는 의지가 아닐까.

나는 한복 입고 밀라노 간다

창조냐 파괴냐 그 기준은
나만의 철학이 있느냐 없느냐에 있다.

창조냐 파괴냐, 내가 만드는 모던한복을 둘러싼 상반된 반응 두 가지다. 어떤 이는 한복을 현대적으로 재해석한 시도에 긍정적이라며 박수를 보내기도 하지만, 어떤 이는 한복의 우아한 멋을 헤쳤다며 잘못되었다고 지적한다. 세계 4대 패션위크로 손꼽히는 밀라노 패션위크 무대에 섰을 때 역시 그랬다.

4대 패션위크에 서본 경험이 있는 선배 브랜드 블루탬버린 김보민 선생님의 권유로 밀라노 패션위크에 도전했다. 패션쇼가 개최되기 3개월도 남지 않은 시점에서다. 세계 시장의 벽에 부딪혀 크게 깨져본 적 있는 나였기에(4장 '높은 세계시장의 벽에 부딪히다' 참고) 승인받는다고 해도 두려웠다. '밀라노 패션위크'는 세계 4대 패션위크(런던, 뉴욕, 파리, 밀라노) 중 하나로 패션 디자이너들에게는 꿈이자 끝판왕 같은 무대인데 내가 과연 잘할 수 있을까 싶었다. 그 세계적 위용은 영화계에는 깐느, 베니스. 음악계에는 빌보드, 그래미와 같은 수준인 데다 구찌, 프라다, 페라가모 등 유명 글로벌 빅브랜드들이 서는 세계적 무대다. 아직 승인이 난 것도 아닌데 신청하려는 마음만으로 중압감이 밀려왔다.

패션쇼라면 못해도 10명의 모델은 세워야 한다. 상하의로 치면 최소 20점이 넘는 의상이 필요하다. 그것뿐인가. 옷에 잘 어울리는 핸드백, 신발, 귀걸이, 목걸이, 머리 장신구까지. 머리부터 발끝까지 룩 하나를 완성하려면 평상시보다 세 배가 넘는 에너지와 작업 시간이 필요하다. 시간도 시간이지만 무엇을 만들어야 할지 고민이 제일 컸다.

'전통을 보여주어야 할까? 아님 모던? 도대체 무엇을 보여주어야 하지?' 막연한 질문에 쉽사리 방향이 잡히지 않았다. 하루 이틀 시간은 가는데, 마땅한 아이디어가 떠오르지 않아 괴로운 나날을 보냈다. 게다가 세계적인 무대인데 한국 디자이너와 한복이라는 이름을 달고 어설픈 것을 선보였다가는 국제적 망신을 당할지도 모른다는 압박에 몸이 조였다. 오랜 고민 끝에 내린 결론은 '모던한복으로 가자'다. 전통한복이 아닌 모던한복(한복을 현대적으로 재해석한 스타일)을 선보이기로 한 이유는 한복을 패션 장르로 만들고 싶다는 분명한 방향 때문이다.

리슬이 꿈꾸는 최종 한복의 모습은 청바지를 입듯 외국인들도 누구나 쉽게 사 입는 그런 옷이다. 그러려면 예쁜 것은 물론 실용성 또한 갖춰야 한다. 한마디로 예술과 상업성 모두를 충족해야 한다. 패션위크 패션쇼 무대는 몇 분 동안의 화려한 무대로만 끝나는 게 아니라 산업적인 가능성까지도 보여줄 수 있어야 한다고 생각했기에 내린 결론이다. 몇 해 전 패션 페어에 참가하며 얻은 힌트다. 우리가 아는 고전적 형태의 한복을 소개하는 것은 마치 한식을 처음 접한 이에게 맵고 강하게 양념한 요리를 내어주는 것과 같다고 생각했다. 게다가 모던한복은 내가 가장 잘할 수 있는 디자인이다. 한복을 접해본 적 없는 외국인들에게도 '지금 당장 입을 수 있는 옷, 사 입고 싶은 옷'으로 만들자는 방향을 잡자 실타래가 풀리기 시작했다.

긴 고민 끝에 설정한 주제는 바로 '축제'다. 모던한복을 처음

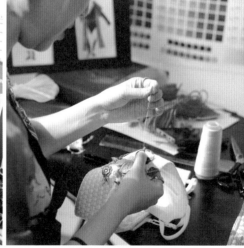

| 밀라노 패션위크에서 선보일 테마에 맞춰 스케치와 샘플 작업에 돌입

국내에서 선보였을 때 가장 많이 받은 질문이 "그래서 이 옷은 언제 입어요?" "뭐랑 입어야 해요?"였다. 구애 없이 개인의 취향에 따라 일상복으로 입으라고 만든 옷이었지만, 한복은 특별한 상황에 입어야 한다는 고정관념 때문에 쉽사리 접근하지 못했다. 세상에 처음 등장한 장르다 보니 소비자들이 '어떻게' 입어야 할지 몰라 이것저것 물은 것이다. 한국인조차 언제 어떻게 입느냐고 물었던 한복이라면 외국인들 눈에는 더 낯설 것이 뻔했다. '이색적인 옷을 두려움 없이 입어볼 수 있는 상황이 언제일까?' 고민해보니 바로 축제였다. 워터밤, 재즈 페스티벌과 같이 흥겨운 음악이 있는 축제에서는 평소보다 과감하고 눈에 띄는 패션도 도전

| 힘하면서 이국적인 옷이라는 콘셉트로 초록, 분홍, 파랑의 색상을 조합한 의상 스케치

하기 때문에 이국적인 한복 스타일도 도전할 수 있을 터다. 파티와 축제에 익숙한 외국인들을 타깃으로 '한국인들만 입는 민속복'이 아닌 '힙하면서 이국적인 옷'이라는 콘셉트 아래 초록, 분홍, 파랑 경쾌한 색상 조합을 강조한 의상을 준비해나갔다.

그간 하던 많은 대표로서의 업무를 위임하고 디자인에만 몰두해 컬렉션 옷을 제작하는데도 24시간이 부족했다. 눈을 감았다 뜨면 날짜가 성큼 다가와 있어 누가 내 시간을 옆에서 청소기로 빨아들이는 것 같았다. 이번 컬렉션을 위해 들어가는 소재, 문양 하나까지 기존에 선보이지 않았던 것으로 채우다 보니 시간이 오래 걸렸다. 일월오봉도에서 착안한 문양 하나를 만드는 데 30일이 소요되었고, 전통 한지로 만든 원단 '한지사'를 공수하기 위해 익산 생산공장을 방문하기도 했다. 재료 준비 과정에도 많은 시간을 들이다 보니 옷을 자르고 재봉할 시간은 줄어들었고 마음은 초초해졌다. 옷 외의 필요한 노리개, 가방, 음악 등은 그간 리슬과 협업했던 분들에게 부탁했다. 짧은 시간이지만 '리슬의 밀라노 진출이라면 도울게요.' '밤을 새워서라도 맞춰드릴게요.'라며 나서서 도와주신 덕에 일에 속도가 조금씩 붙었다. 한마음 한뜻으로 도와주신 덕분에 밀라노 출발을 2일 앞두고 옷과 신발 장신구가 완성되어 한데 모였다. 그때부터는 밤을 새워가며 잘못된 것은 뜯어서 고치고 부족한 것에는 장식을 덧대서 완성도를 높였다. 피 말리는 마감과의 싸움이었다.

비행기에 오르기 몇 시간 전에야 패션쇼 옷을 마무리하고 개인 짐을 쌌다. 패션쇼 옷과 신발, 개인 짐까지 합치니 캐리어만 여섯 개가 되었다. 밤을 새운 채 비행기에 올랐고 쓰러지듯 눈을 떠보니 밀라노에 도착해 있었다. 밀라노 공항에서의 선선한 밤공기를 들이마시는데 비장한 마음이 들었다. '난 최선을 다했고 주사위는 던져졌어! 이제는 고칠 수도 없으니 즐기는 수밖에.'

패션쇼 당일. 이른 아침부터 시작된 모델 피팅과 리허설을 거쳐 어느덧 저녁 6시 패션쇼 시작이 임박해 있었다. "대표님. 이것 좀 보세요." 우리 스텝이 찍어온 패션쇼 밖 사진에는 쇼를 보

| 밀라노 패션위크 런웨이 무대에서 선보인 리슬의 한복 컬렉션(12벌 중 4벌의 이미지)

기 위해 줄을 서 있는 사람으로 인산인해였다. 백스테이지에 쳐
놓은 검은 천막 밖으로 고개를 빼꼼 내밀어서 보니 포토월에 서
서 사진을 찍는 사람, 자리에 이미 착석해 있는 사람으로 북적거
려 그제야 패션위크에 왔다는 실감이 났다. 무대가 암전되고 고
요함 내려앉은 순간, 드디어 쇼 타임이 시작되었다.

　팝 멜로디가 깔리고 어깨를 들썩이게 하는 가야금 선율이
더해졌고 동시에 리듬에 맞춰 모델이 걸어 나오기 시작했다. 쇼
를 위해 특별히 작곡한 노래다. 우리가 가장 메인으로 내세웠던
의상은 일월오봉도 무늬가 그려진 치마와 가죽 탑 그리고 흰 저

| 일월오봉도를 오마주한 런웨이 메인 한복

고리를 껴입은 작품이다. 치마 앞단을 접어 올려 앞에서 보면 다리가 드러나지만 뒤에서 보면 길게 떨어지는 치마로 16세기 귀부인들이 입던 거들치마에서 따온 디자인이다. 지금 당장 입고 거리로 나가도 될 만큼 세련된 느낌이다. 하의는 우아하지만 상의는 거칠고 터프한 느낌의 가죽 소재를 저고리 위에 레이어드해서 풍성한 느낌이 들도록 연출했다. 가죽 탑 역시 얼핏 보면 일반 의상 같지만, 저고리 여밈과 치마 여밈 방식을 살리고 고름을 덧달아 만든 21세기 가슴가리개다.

현지인에게 가장 반응이 좋았던 의상은 노방(얇고 비침 있는 전통한복 소재)으로 만든 동정장식 핫핑크 재킷과 연둣빛 진주향낭백이다. 이번 패션쇼 총감독이었던 지아 감독은 쇼를 보기 전까지만 해도 전형적인 한복일 거라고 예상했는데 이 옷을 보고 가장 놀랐다며 재킷인 듯 아닌 듯한 겉옷은 직접 구매해서 입

| 연둣빛 진주향낭백(왼)과 금박장식단을 활용한 초록색 주름치마(오)

고 다니고 싶은 정도라고 평했다. 서양식 재킷이지만 전통 소재와 동정 장식, 자개단추를 더해 저고리와 재킷의 매력을 둘 다 느낄 수 있도록 만들었다. 처음 저고리를 입을 때 낯설어할 외국인들을 위해 고안한 디자인이 통한 것이다. 은근히 속살이 비치는 재킷 안쪽에는 궁중에서 사용되던 금박장식단을 활용한 초록색 주름치마를 매치했다. 걸을 때마다 재킷 앞자락 사이로 드러나는 봉황문양의 밑단 장식이 눈길을 끌었다고 한다. 특히 모델의 허리에 맨 핸드백은 궁중에서 사용되던 진주향낭 주머니를 모티브로 만든 디자인으로, 진주 하나하나를 손으로 장식하느라 가장 마지막에야 완성했던 가방이다.

12벌의 새롭게 만들어진 모던한복들은 실시간으로 전 세계에 온라인 송출되었고, 뜨거운 반응이 이어졌다. 특히나 한복의 새로운 면모와 가능성을 봤다는 후기가 가장 기분 좋게 했다. '한복은 우아해야 한다.'라는 고정관념에서 벗어나 섹시, 캐주얼, 펑키, 귀여움 모든 것을 담을 수 있다는 걸 보여주고 싶었다. 우리가 알고 있는 가슴 길이 짧은 저고리와 치마는 조선 후기 양식의 한 가지에 불과하고 이것만이 한복의 형태가 아니라는 걸 알리고 싶었다. 이런 의도를 담았다 해도 좋은 반응만 있는 건 아니다. '한복의 우아함이 사라졌다' '전통을 파괴했다'라는 반응도 뒤따랐다. 새로운 옷을 선보일 때마다 늘 있던 일이기에 예상했던 일이다.

전통한복과 모던한복은 서로 상생하는 존재라고 생각한다.

전통 양식 그대로는 오늘날 우리가 입을 수 없다. 대신 친숙하게 형태를 변화시켜 '당장 입을 수 있는 패션'으로 만들자는 취지다. 전통은 소중한 것이지만, 책과 박물관 안에서만 보이게 된다면 옷으로서의 수명은 끝나는 일일 테니 말이다. 전통한복을 만드는 장인, 명인분들의 역할이 따로 있고 한편에서는 창의성을 가진 디자이너들이 시대와 소통하는 한복을 만드는 역할을 할 때 한복의 저변이 더 넓어질 것이다. 후자의 역할이 나의 사명이라고 생각한다.

패션쇼 이후 현지 반응을 통해 이런 생각은 더욱 굳건해졌다. 쇼에 참석했던 패션미디어 OFN의 니콜라스 대표는 리슬을 한마디로 '젊은 전통Young tradition이다'라는 찬사를 보내며 역사적

| <포브스>에 실린 리슬 한복

인 것을 현대적으로 풀어내는 작업은 의미 있는 일이라고 평했고, 이탈리아 스타일리스트 하네스 클라인은 'Keep going(계속하라!)'이라고 응원했다. 세계적인 경제지 〈포브스〉는 '한국의 헤리티지(문화유산)을 녹인 풍성하고 놀라운 컬렉션'이라고 높이 평가했다. 특히 쇼에 참석한 주 이탈리아 밀라노 총영사, 대사관 주 이탈리아 한국문화원 원장은 세계적인 패션의 나라 이탈리아에 한국 디자이너가 무대에 서는 것만으로도 교민들과 한국인들의 마음에 자부심을 주는 의미 있는 일이라며, 감동적인 쇼였다는 격려를 해주셨다.

내가 만든 옷을 두고 '저것이 무슨 한복이냐'라고 묻는다면 왜 한복인지 설명할 수 있다. '왜 이렇게 변화시키냐'는 질문에도 망설임 없이 답할 수 있다. 전통은 변화하는 것이다. '한복은 ○○해서는 안 된다'라는 틀을 깨고 넘어설 때 비로소 우리 생활에 섞일 수 있다고 믿는다. 리슬은 있는 그대로를 답습하는 전통이 아닌 '젊은 전통'을 만들어가는 중이다.

한.잘.알이 추천하는 한복 입기 꿀팁

···· **한복 입문자 (난이도★)** ····

처음 한복을 입는 사람이라면, 한복인 듯 아닌 듯 기성복과 자연스럽게 믹스매치되는 생활한복을 추천한다. 생활한복 상하의를 모두 한복으로 갖춰 입기보단 상의나 하의 중 한 가지만 한복으로 입으면 부담스럽지 않으면서 은은한 포인트 아이템이 되어서 좋다.

추천 아이템 | 허리치마, 셔츠저고리, 한복 코트

✧ **허리치마 활용** 한복 치마라고 해서 무조건 저고리를 갖춰 입어야 한다는 고정관 념은 금물. 봄가을에는 흰색 티셔츠, 블라우스 등과 매치하고 겨울에는 터틀넥이나 니트와 입으면 찰떡. 특히 허리치마는 랩스커트처럼 끈으로 둘러 사이즈를 조절하는 스타일이므로 2~3 사이즈를 커버할 수 있어 자매, 가족끼리 돌려 입기 좋은 아이템. 민무늬, 꽃무늬, 전통 패턴 등 다양한 무늬가 있어 취향대로 고를 수 있으며, 브랜드에 따라 양면으로 입을 수 있게 실용성을 더한 것이 있다.

✧ **셔츠 저고리 활용** 치마가 아니라 바지를 평소 자주 입는 사람이라면 저고리를 추 천한다. 셔츠나 블라우스를 만드는 소재로 제작된 셔츠형 저고리는 청바지나 면바지 와도 잘 어울린다. 단정하게 앞섶을 여며 입어도 좋지만, 민소매나 반팔 티셔츠 위에 가디건처럼 걸쳐 입으면 색다른 분위기를 연출할 수 있다. 저고리 밑단을 바지 안에 넣어 입느냐, 꺼내 입느냐, 반절만 걸치느냐에 따라 스타일링 변화가 가능하다. 저고 리 중 등길이가 40cm보다 짧은 것들이 있는데, 그것은 크롭탑처럼 배가 드러나니 반드 시 구매 전 등길이를 확인해야 한다.

✧ **한복 코트 활용** 두루마기나 소창의 등 다양한 한복 포에서 영감을 얻은 외투도 초
보자가 입기 좋은 아이템이다. 울, 폴리에스테르, 나일론 등 양장에 사용되는 현대적인
소재로 만들어진 한복 외투를 고르면 부담 없이 착용 가능하다. 소재 질감이 기성복과
이질감이 없어 와이셔츠나 블라우스 위에 걸쳐 입기도 좋고 비즈니스 미팅이나 오피
스룩으로도 소화 가능하다. 보수적인 정장 착용이 필요한 장소라면, 깃 부분에 흰색 동
정이 있는 것보다는 외투 색과 비슷한 색감으로 배색된 디자인을 고르길 추천한다.

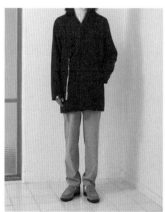

한복 중급자 (난이도★★)

생활한복을 입으면서 한복의 매력을 느끼기 시작했다면, 점점 다양한 스타일을 추구해볼 때다. 한복이라고 해서 우아하고 단아한 디자인만 있는 것은 아니다. 전통적인 느낌이 많이 나는 디자인부터, 스트릿 풍의 다양한 디자인까지 나만의 스타일을 찾아보자.

추천 아이템 | 치마저고리 세트, 로브형 한복 외투

✧ **치마저고리 세트 활용** 한복의 가장 기본인 형태. '한복이다'라는 이미지를 확실히 준다. 너무 한복스러워서 자주 입지 않을 것 같지만, 3가지 넘는 조합으로 입을 수 있다. 한 세트를 함께 입다가 스타일이 질린다면 저고리는 기성복 골지 원피스나 니트 원피스 위에 입어보자. 의외로 잘 어울려서 깜짝 놀랄 것이다. 원피스는 안쪽에 티셔츠나 칼라가 달린 블라우스를 입어서 레이어드한다. 날씨가 쌀쌀해질 땐 원피스 위에 가디건만 걸쳐주면 끝!

✧ **로브형 한복 외투 활용** 한복 코트보다는 얇고 가벼운 소재로 만들어서 가볍게 걸치도록 만든 외투다. 날리는 자락이 한복의 멋을 선사하기 때문에 간절기나 멋 내기 아이템으로 사용하면 된다. 여행이나 휴가지 등에서 바캉스룩, 리조트룩 등으로 활용하면 제격이다. 조금 더 특별한 분위기를 내고 싶다면 허리띠나 술띠, 체인 등을 허리에 매어보자. 허리라인도 잡히면서 전통적인 이미지가 한껏 부각된다.

• • • • 한복 매니아 (난이도★★★) • • • •

한복을 이제 능수능란하게 스타일링하는 고수의 반열에 올랐다면, 오리지널 전통한복에 도전해보자. 한복 전통소재가 주는 질감과 과감한 색을 포인트 아이템으로 사용해보는 것. 생활한복 중에서도 금박이나 자수, 무늬가 큼지막하게 든 디자인들도 나만의 잇템으로 만들어보자.

추천 아이템 | 전통한복, 과감한 디자인 포인트가 있는 한복

✧ **전통한복 활용** 전통한복이라고 해서 역시 상하의를 모두 갖춰 입지 않아도 된다. 한복 배자(조끼)를 크롭탑처럼 입고 청바지에 매치하는 식이다. 전통한복 위에 가죽재킷이나 청재킷을 입는 식으로 전혀 다른 질감 소재를 과감히 매칭해보자. 부모님이나 조부모님이 입던 장롱 속 한복을 리폼해서 입는 것도 방법. 두루마기나 마고자 같은 아이템은 절대 버리지 말고 빈티지 아이템으로 활용하자.

✧ **과감한 디자인 포인트** 뭐든 밸런스가 중요하다. 무늬가 과하게 있는 포인트 아이템을 택했다면, 이너로 매치하는 아이템은 단출한 민무늬 디자인을 입어준다. 선택한 한복 포인트 컬러와 같은 색 소품(머리끈, 귀걸이, 벨트, 양말)을 함께하면 안정감을 준다.

체형별 코디 추천

가슴이 크다면

몸에 붙는 디자인, 짧은 저고리 원피스 디자인은 가슴을 부각시키기 때문에 어울리지 않는다. 가슴을 충분히 덮는 중저고리나 엉덩이 길이까지 내려오는 셔츠형 저고리를 추천한다. 상의는 기성복을 입고 하의만 한복 바지, 치마를 믹스매치하는 것도 방법. 걸치는 스타일의 로브형 생활한복 외투도 잘 어울린다

가슴이 작디면

한복 구조상 가슴이 작은 체형에는 웬만한 한복이 다 잘 어울린다. 크게 고려해야 할 사항은 없으며 사이즈만 잘 맞게 고르면 된다.

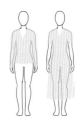

어깨가 넓다면

전통 재단 방식으로 만들어진 한복은 어깨선이 양장보다 훨씬 아래에 있기 때문에 편하게 입을 수 있다. 상품 상세 사진을 보았을 때 저고리 소매가 일자로 펴지는 형태로 되어 있는 것들을 고르면 된다. 양장식 소매로 제작되어 있다면, 어깨선이 크게 만들어진 오버핏 디자인을 고른다. 정사이즈로 만들어진 딱 맞는 핏의 저고리라면 가슴이 조금 뜨는 것을 감안하고 한 치수 큰 것을 고르는 것을 추천한다.

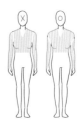

키가 크다면

상의는 길고 하의는 짧게 입는 것이 좋다. 짧은 저고리에 원피스는 큰 키를 더욱 커 보이게 하는데 짧은 저고리와 원피스 코디를 할 경우는 상의와 하의의 색감 차이가 크게 나서 대비가 되도록 한다. 등길이가 33cm보다 짧은 저고리는 가급적 피하고, 가슴선 아래로 충분히 내려오는 길이의 한복 디자인을 권장한다.

키가 작다면

키가 큰 경우와 반대로, 상의는 짧게 하의는 길게 입어야 한다. 저고리와 원피스 타입을 추천하며 위아래 색감을 서로 비슷한 톤으로 맞추면 길어 보이는 효과가 있다. 붕 뜨는 치마나 하의보다는 찰랑거리고 은은한 곡선이나 일자로 뚝 떨어지는 핏의 하의를 입는 게 좋다.

열심히만 해선 안 된다. 잘해야 한다. 꿈을 지속하기 위해서는 현실적인 수익, 생계를 생각하지 않을 수 없다. 틀 깨기 정신으로 차별화된 상품을 만드는 데 집중했다면 다음 단계는 비즈니스적으로 사고를 바꿀 때다.

2장

열심히 잘 정신

열심히 노력했다면
성과도 뒤따라야 한다는 것

그래미를 위한 K-pop 한복

시너지를 낼 수 있는
트렌드 분야와 결합하여 인지도를 넓혀라.

리슬의 인지도가 상승한 시점 중 하나는 K-pop(케이팝) 아티스트 의상을 제작하면서부터다. 방탄소년단, 마마무, 비비지, 청하 등 레전드로 기록될 의상을 나름 많이 남겼다. 팬들에게 누구누구의 한복 제작자로 회자되어 이름을 알리게 된 기회였다. 드라마, 영화, 공연, 뮤지컬 수많은 분야가 있지만, K-pop이야 말로 리슬과 찰떡으로 어울리는 분야라고 생각한다. 1세대 아이돌을 쫓으며 다져온 나의 덕력과 리슬의 힙한 한복 스타일이 합쳐져 무대 퍼포먼스에 적합한 최적의 한복이 탄생하기 때문이다. 실제로 지친 창작 작업에 흥을 깨워주는 노동요로 K-pop을 고집하고 있다. 덕질 경험과 이해도가 높아서인지 유독 K-pop 분야에서 의뢰가 빈번히 들어온다. 무대의상 제작은 하나같이 어렵고 힘들지만 가장 기억에 남는 것은 비비지의 그래미를 위한 한복이다.

토요일 저녁 집에서 밥을 먹으며 SNS를 하고 있었다. 그때 메시지(디엠)가 날아왔다. "BPM엔터테인먼트 담당자 이 아무개입니다. 당사 소속 아티스트 비비지가 '그래미 글로벌 스핀'에 출연하게 되어 디자이너님의 의상을 사용하고 싶어 연락드렸습니다." 비비지는 걸그룹 '여자친구' 멤버였던 신비, 은하, 엄지로 구성된 3인조 K-pop 그룹이다. 밥 먹다가 수저를 내려놓고 전화기 화면을 멍하니 쳐다봤다. 같이 밥을 먹던 남편이 물었다. "왜 그래? 뭔데 그래?" "그래미래." "뭐? 크래미?" "아니, 그래미. 그래미에 입을 옷을 만들어달래." "에이, 장난치지 마. 그래미 어워드 Grammy Awards 할 때 그 그래미?" "그래. 그 그래미!" 서로 믿기지 않아 하며 이 그래미가 그 그래미가 맞냐며 몇 번을 확인했다. 바로 남겨진 연락처로 전화를 걸었고 자세한 내용을 전달받았다.

우리가 아는 그래미 어워드는 일 년에 한 번 열리는 미국의 권위 있는 대중음악 시상식이다. 후보자로 지명되는 것 자체로도 높은 인기와 영향력을 가졌다고 평가되는 글로벌 음악 시상식 중 최고 인지도 가진다. 그래미에서는 시상식 외에 그래미 오리지널 시리즈라고 해서 전 세계 대중음악을 알리는 일도 한다. 넷플릭스 오리지널 시리즈처럼 긍정적인 영향력을 주는 음악과 아티스트들을 영상클립으로 만들어 올리는 것이다. 바로 이 오리지널 시리즈에 비비지가 올라가게 되었고, 그 무대의상으로 쓰일 한복을 만들어 달라는 내용이었다.

"그래미 글로벌 스핀, 여기에 소개된 한국 가수가 많나요?"

"국내 걸그룹으로는 비비지가 최초예요."

차분한 척했지만 이미 심장은 빠르게 뛰었다. 담당자는 계속 말을 이었다.

"그래미 글로벌 스핀이다 보니 어느 나라 출신이라고 소개가 올라가거든요. 전 세계에서 보는 콘텐츠기도 해서 한국적인 느낌을 냈으면 해요. 그래서 무대의상으로 한복을 생각하게 되었어요. 그래미에서도 한국적인 콘셉트가 담기면 더욱 좋다고 했고요." "그래미에 한국의 K-pop을 소개하다니, 너무 멋진데요. 게다가 한복도 알릴 수 있으니 저에겐 너무 좋은 기회죠!" "디자이너님, 그런데… 한 가지 문제가 있어요." "네, 뭐죠?" "시간이 다음 주 토요일까지예요. 하실 수 있을까요?"

다음 날 상세 콘셉트를 전달받는다면 실제로 작업할 수 있는 시간은 5일 남짓이다. 소속사에서는 머리 장식, 옷에 다는 장신구, 신발, 귀걸이, 반지까지 머리부터 발끝까지 필요한 모든 것을 준비해달라 요청했다. 각기 다른 세 벌의 한복 디자인에 스타일링 소품까지 5일 안에 만들어내는 건 쉬운 일이 아니다. 하지만 그래미라는 세 글자가 아른거려 포기할 수 없었다. '당연히 무조건 해야지! 딱 5일간 잠 좀 덜 자지 뭐. 전 세계에 한복을 보여줄 기회야.' 먹던 밥을 허겁지겁 치우고는 컴퓨터를 켰다.

K-pop 아티스트의 작업을 의뢰받으면 제일 먼저 그들의 무

대 영상을 본다. 그러고는 그들의 팬에 빙의해서 노래, 무대, 예능, 팬 커뮤니티 모두를 살펴본다. 그래야 해당 무대와 아티스트에 딱 들어맞는 디자인을 만들어낼 수 있기 때문이다. 이번에도 비비지 무대 영상을 보는 일로 작업을 시작했다. 무대용 한복은 곡과 아티스트를 돋보이게 해야 하므로 디자인이 혼자 튀어서도 안 되고, 안무나 동선에 방해되어서도 안 된다. 이때 팬들이 만들어놓은 교차편집 무대가 큰 도움이 된다. 교차편집은 가수의 서로 다른 무대 영상을 하나의 무대로 편집해서 만든 것으로, 그간 착용했던 무대의상 스타일을 한눈에 볼 수 있어 좋은 연구 자료

| 스케치 시안을 통해 나온 비비지 멤버 '은하'의 크롭탑 상의

가 된다. 교차편집 무대를 보면 이 곡의 전체적인 분위기와 콘셉트를 빠르게 파악할 수 있다. 포인트 안무를 확인하는 것도 필수인데 앉거나 쪼그리는 동작인지, 손을 활용한 동작인지 등에 따라 소매를 민소매로 할지, 팔에 액세서리를 부착할지, 가볍게 나풀거리는 소재를 쓸지를 정한다. 비비지 안무는 손을 튕기는 동작이 많고 디스코를 기반으로 한 통통 튀는 매력이 있는 곡이라는 점에서 발랄한 분위기를 살펴 짧은 치마와 크롭탑 스타일로 디자인 방향을 잡았다. 또 신경 써야 할 부분은 바로 세계관 공부다. K-pop 세계에서는 멤버를 나타내는 능력, 상징물 등이 존재하는데 이런 특성을 의상 디자인에 녹이거나 곡에 숨은 메시지를 문양이나 장식, 소품으로 활용하여 스토리텔링을 더한다. 이번

프로젝트 역시 멤버들의 상징색인 파랑, 보라, 빨강를 살려 진행했다.

월요일 저녁, 회사로부터 콘셉트가 전달되었다. 토요일 촬영이라 당장 시작해도 시간이 빠듯했다. "시간이 많지 않으니 밤늦게라도 시안을 바로바로 보낼게요. 양해 부탁드려요." 양해를 구하고 스케치에 돌입했다. 카톡으로 스케치 사진을 보내고, 피드백이 오면 다시 그려서 보내는 식으로 빠르게 디자인을 조율해 나갔다. 실시간으로 수정사항과 원하는 것을 주고받으며 어느덧 형태가 완성되었다. "오늘은 이쯤 하시죠. 늦은 시간까지 수고하

│ 스케치 시안을 통해 나온 비비지 멤버 '신비'의 크롭탑 상의

셨습니다. 내일 또 연락드릴게요." 시계를 보니 새벽 2시가 다 된 시각이었다. 아직 남은 일이 있었다. 원단, 부자재 구매 목록을 정리하고 이동 동선을 짜야 한다. '살 게 많으니까 우왕좌왕하지 않게 내일 할 일을 정하고 바로 움직여야 해.' 원단을 구하러 가는 서울행 기차 안에서 색 조합을 구상했다. 비비지 멤버의 상징 컬러가 서로 융합되도록 검은색을 기본으로 두고 포인트 컬러를 입혔다. 멤버 엄지는 길게 늘어뜨린 조끼를, 신비는 시스루 긴 포를, 은하는 깡총한 크롭탑 스타일로 실루엣을 서로 달리해서 멤버별 차별성을 더했다. 이동 시간까지 알뜰하게 사용해가며 색감까지 완성했고 원단을 구하러 갔다. 빠른 걸음으로 매장을 지나면서 내가 찾는 질감과 두께, 문양 삼박자를 모두 가진 원단을 찾아내야만 한다. 그렇게 몇 시간이고 문 닫기 직전까지 시장을 돌며 겨우 모든 원단을 공수할 수 있었다.

촬영일을 이틀 앞두고 피팅 날짜가 잡혔다. 손품, 발품, 초능력까지 모든 능력을 총동원해서 만들어진 한복을 실제 아티스트가 착용해보고 동작에 문제는 없는지, 고칠 부분이나 사이즈 등을 점검하는 단계다. 이때가 가장 떨리는 순간이다. 만약, 수정 사항이 많다면 재제작을 해야 할 수도 있기 때문이다. '제발, 마음에 들었으면. 수정이 최소한으로 나왔으면.' 하고 기도하는 마음으로 피팅에 임한다. 다행히도 몇 가지 작은 수정 사항 외에 아티스트와 관계자들 모두 만족해했다. "너무 잘 어울리고 예쁘네요, 디자이너님! 그래미에서도 기대하고 있어요." "만족해하셔서 다행

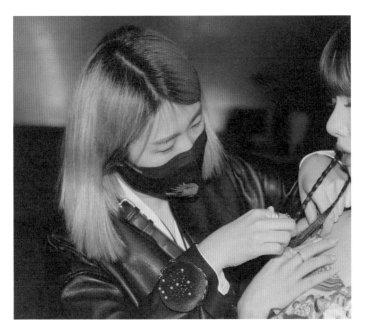

이에요! 정말 그래미에서도 관심이 있나요?" "네, 무대연출 이야
기하면서 장소와 의상 이야기가 나왔는데, 한복을 입을 예정이라
고 디자인을 보여주었거든요." 그래미 측에서도 한복의 아름다움
을 익히 알고 그런 것이 이번 콘텐츠에 함께 담기게 돼서 기대한
다는 후문을 들려주었다. 이 말을 들으니 더더욱 열의가 불타올랐
다. '좋았어. 완벽하게 수정해서 최고의 의상을 선보이겠어!'

사이즈와 디테일 문제로 3개의 의상을 다시 제작해야 했지
만, 이 정도면 선방한 것이다. 문제는 신발이었다. 한복에 맞추어
신발에 자수를 더해 커스텀했는데, 신발 굽이 너무 얇아 안무가

잘 안 되는 문제가 생긴 것이다. 신발을 전면 교체해야 했다. 시간이 이틀밖에 남지 않은 상황에서 신발 구하기 작전이 펼쳐졌다. 신발 매장이란 매장은 모두 돌았지만, 우리가 원하는 사이즈와 굽, 디자인 신발이 없었다. "죄송해요. 지금은 이런 모델 구하기가 쉽지 않아요. 어디든 마찬가지일 거예요." 대책 없이 시간이 하염없이 지났다. 지푸라기라도 잡는 심정으로 신발 브랜드를 운영하는 대표님께 전화를 걸었다. "대표님, 진짜 긴급한 일인데요. 저희 한 번만 도와주시면 안 될까요?" 자초지종을 이야기하고 우리가 찾는 신발 사이즈와 디자인을 전달했다. 샘플, 중고, 판매하지 못하고 보관 중인 B급 상품 어떤 것이라도 상관없고 시간 내 구할 수 있다면 뭐든 좋다고 덧붙였다. 3시간 뒤 전화가 왔다. "황 대표님, 거래처 신발공장 사장님 창고를 뒤져서 찾았습니다! 오산에서 전주로 퀵 보낼게요." 공장마다 전화를 돌려 신발을 찾아주신 지인 덕분에 가까스로 촬영 하루 전날 밤 9시에 신발 3켤레를 공수했다. 받은 신발을 바로 오픈해서 한 짝에 한 명씩 달라붙어 자수를 한땀 한땀 꿰매기 시작했다. 마음이 급하니 아무 생각이 들지 않았다. 오로지 시간 내에 해결해야 한다, 무슨 일이 있어도 끝마친다는 생각뿐이었다. 딱딱한 신발 가죽을 뚫고 바늘로 자수를 꿰매는 수작업이라 손가락에 구멍이 뚫리는 기분이었지만 개의치 않았다. 촬영 당일, 서울행 기차 탑승 10분 전에야 겨우 작업을 마칠 수 있었고 정신이 돌아왔다. "휴우. 살았다."

의상과 소품을 들고 촬영장으로 향했다. 디자인부터 완성까

촬영 전날 밤을 새워 자수를 놓아 겨우 완성한 무대 신발

지 60시간 만에 이룬 기적 같은 일이었다. 완성된 한복을 입은 비비지의 모습은 완벽 그 자체였다. 숨죽여 카메라 속에 찍히고 있는 무대를 보고 있자니, 만감이 교차했다. 지금 내 눈으로 목격하고 있는 이 순간이 그래미에 올라간다는 것이 실감 나지 않았다. 무엇보다도 지금 이 촬영장에 함께하는 수많은 스텝의 숨은 땀방울들이 느껴졌다. '이 빛나는 4분을 만들기 위해 얼마나 많은 전문가가 뒤에서 피땀을 흘렸을까.' 아티스트, 헤어 메이크업, 의상, 노래, 안무, 카메라 등 하나가 된 전문가 수십 명이 최고의 콘텐츠를 만들기 위해 분주하게 애쓰고 있었다. 최고를 만들어내는 모습이 아름답고 경건하게 느껴졌다. 작은 나라 대한민국의 노래와 춤과 디자인이 전 세계를 흔드는 콘텐츠가 되어간다는 사실에

가슴이 뜨거워졌다.

드디어 대망의 무대 퍼포먼스가 그래미 공식 사이트에 릴리즈되는 날. 영상은 모두가 잠든 새벽 2시(미국 시간으로 낮 1시)에 공개되었는데, 늦은 시각이 무색하게 폭발적인 반응이 이어졌다. 외국 반응이 더욱 뜨거웠는데 "비비지 공연 정말 자랑스럽다! 한국의 DDP 앞에서, 현대 한복을 입고 '밥밥'을 부르며 한국을 알리고 있어!", "한복을 글로벌한 무대에 사용했다는 사실은 매우 훌륭하다. 그들이 어디에 있어도 어디서 왔는지 알 수 있게 해준다.", "비비지 음악과 공연에 가장 잘 어울리는 완벽한 의상과 건축물이다.", "날이 갈수록 아름다워지고 조화로워지는 것 같다. 그녀들이 입은 한국 스타일 의상은 특히 인상적이다."라며

| 한복으로 만든 무대의상을 착용하고 그래미 무대에 선 비비지 (ⓒBPM Entertainment 제공)

찬사의 댓글이 가득했다. 영어, 스페인어, 포르투갈어, 러시아어, 한국어 등 전 세계 각국의 언어로 K-pop을 통해 한복의 멋을 새삼 알게 되었다는 한류 팬들 응원에 그간의 고생이 눈 녹듯 사라지는 기분이었다. "그래. 이 맛에 밤새는 거지!"

무대의상은 아름다움은 물론이고 아티스트 이미지, 세계관, 곡 해석, 안무, 스토리, 활동성 등 이 모든 것을 고려해야 하기 때문에 엄청난 에너지와 창의력을 요하는 어려운 작업이다. 하지만 나조차 작업할 땐 무조건 K-pop을 노동요로 듣는, K-pop 덕질 경력 23년의 내공을 가진 덕후이자 팬이다. 디자인 공개 이후 팬들로부터 '그때 그 옷 너무 예뻤어요. 레전드에요.' '완전 잘 떡으로 잘 어울렸어요.'라는 말을 들을 때면 그렇게 뿌듯할 수가 없다. 한복을 직접 만들어 입고 K-pop 아티스트의 한복 무대를 커버하는 외국인 팬 영상을 보면 소름이 돋기도 한다. 한복과 K-pop의 결합은 한복을 전 세계에 알리는 효과적인 일이다. 전 세계가 주목하는 K 문화에 기여했다는 보람까지 얻을 수 있으니 어려워도 계속 놓고 싶지 않은 주제다.

방탄소년단이 선택한 한복

멈추지 않고 걷다 보면,
숨이 차서 멈추기 직전 하늘에서 생각지도 못한 선물을 주신다.

K-pop은 무한한 영감과 아이디어의 대상이 된다. 초등학교 시절부터 고등학교까지 H.O.T* 덕질을 해왔고, 30대가 넘은 지금도 무엇인가에 덕질 중이다. 한복에 빠졌다가 직업으로 삼아버리듯 하나에 빠지면 심해 깊은 곳까지 파고든다. 좋아하는 K-pop 아티스트는 많지만 하나만 꼽으라면 역시 방탄소년단이라고 자신 있게 말한다. 그리고 지금 나에겐 "방탄소년단 한복을 만든 사람"이라는 수식어가 달려 있다. 이건 열심히 살았다고 하늘이 주신 선물이 아닐까 생각한다.

방탄소년단 멤버 지민의 한복 착용이라던지, 대기업과의 협

● 1996년 9월 7일에 SM엔터테인먼트 소속으로 데뷔한 대한민국의 5인조 보이그룹. 1세대 아이돌로 K-pop 덕판에서는 시조새 격이다.

업이라던지 도대체 어떻게 연결된 것인지 자주 질문받는데, 회사 고객센터로 전화 오는 경우가 대부분이고 그다음이 이메일, 그 외에도 인스타그램 디엠이나 페이스북 메시지를 통해 연락이 오기도 한다. 어떻게 리슬을 알게 되었느냐고 물으면 온라인 검색을 통해 리슬을 발견했다는 대답이 대부분이다. 그러니 평소 그동안의 작업물을 사진과 글로 잘 정리해서 홈페이지든 인스타그램이든 올려두는 게 중요하다. 나를 잘 모르는 사람은 이 사람의 포트폴리오(작업 이력)를 보아야 협업이나 작업의뢰를 할 수 있으니 말이다. 창작자라면 자신의 작업물을 SNS나 홈페이지에 꾸준히 보기 좋게 정리해서 올려야 하는 이유다.

2018년 11월의 어느 날 사무실 고객센터로 전화가 왔다. 협찬이 가능한지 묻는 전화였다. "혹시 협찬도 진행하시나요?" "네, 진행하고 있습니다." 리슬 런칭 이후로 방송사와 유명인들로부터 협찬 전화가 종종 있다. 한국적이면서 동시에 현대적이고 서양식 패션과 믹스매치해도 어우러지는 패셔너블한 콘셉트의 한복은 찾아보기 힘들기에 꽤 많은 러브콜을 받는다. 게다가 한복이라고 하면 여성복에 초점이 맞춰져 있는 데 반해 리슬은 여성복부터 남성복까지 라인이 다양하게 갖추어져 있어 스타일리스트들에게 좋은 소재거리다. 이런 배경 덕분에 협찬 요청을 자주 받았기에 이번 전화도 무덤덤하게 응대를 이어갔다. "어떤 목적으로 사용하시는 것인지 착용자가 누구신지 알 수 있을까요?" 상대는 가수 스타일리스트 전담팀이라 소개했고 착용자에 대한 정보를 아꼈다. "저희가 어떤 분인지 알아야 협찬 가능 여부를 검토할 수 있습니다." 아무리 유명한 인물이라 할지라도 브랜드 철학과 맞지 않는다면 거절한다는 나름의 룰이 있었다. 리슬은 한복이 세련되고 멋진 패션처럼 보이길 원했다. 한 번쯤 입어보고 싶은, 나도 따라서 사고 싶은 옷처럼 보여야 한다는 기준 아래 협찬을 진행한다. 전화한 분은 잠시 정적 끝에 착용자를 소개했다. "…방탄소년단이 입을 겁니다."

'지금 방탄소년단이라고 했어?' 심장박동이 두 배로 뛰는 소리가 났다. 그 이름을 듣는 순간부터 전화기를 든 손에는 땀이 차기 시작했고 전화기 목소리가 환청처럼 들렸다. 더 물어볼 것도 확인할 것도 없었다. 무엇을 검토하고 가능 여부를 정한단 말인가. 무조건 해야 하는 일이었다. 내면은 기쁨과 환희의 춤을 추고 있었고, 혹시나 방정을 떨어 기회를 놓치거나 일을 그르치진 않을까 하여 최대한 정신줄을 붙잡고 냉정함을 이어갔다. 너무 방방 좋아하는 티를 내면 아마추어처럼 보일 수 있다. 방탄소년단처럼 전 세계적으로 영향력이 큰 아티스트는 모든 일에 조심스럽고 은밀한 접근이 필요한 법이다. 목소리를 차분히 가다듬고 대화를 이어갔다. "어떤 옷이 필요하세요?"라고 물으니 전통 느낌이 나지만 현대적인 바지가 필요하다며 홈페이지에서 몇 가지 제품을 보았노라고 말했다. "허리 사이즈를 말씀해주시면 보신 것 외에 제가 몇 가지 더 추천해서 옷을 보내드리겠습니다." 전화통화를 종료한 뒤 본사에 있는 바지란 바지 종류를 모조리 찾아서 보냈다. 이후 긴 초조한 시간을 보냈다. 협찬품을 가져가더라도 종종 입지 않고 돌려주기도 하기 때문이다.

K-pop 스타들의 의상은 대부분 제작으로 이루어진다. 그룹 콘셉트와 곡 내용, 멤버들의 신체적 장점을 살려 색상, 무늬, 작은 장식 하나까지 맞추는 식이다. 그래서 K-pop 무대를 보면 하나의 잘 짜인 영화를 보는 듯한 느낌이 든다. 세련된 음악과 의상, 화려한 퍼포먼스와 표정 연기까지 혼연일체가 된 무대를 보고 있노라면 3분의 시간이 지루할 틈 없이 끝나버린다. 역시 최고의 전문가들이 협업해서 만들어낸 종합 예술의 경지라는 생각이 든

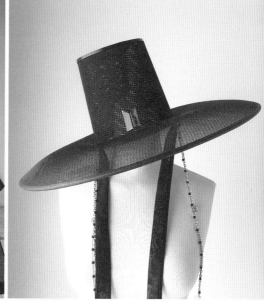

| 협찬 의뢰를 받아 제작했던 BTS 무대의상.
실제로 무대에서 입지는 않았으나 당시 의상을 전시하고 공개한 적이 있다.

다. 단 한 번의 무대를 위해 소품 하나하나를 수제작하기 때문에 제작비도 상당하다. 한 번 방송에 노출된 무대의상은 다시 입기가 어려워 활동 기간 내 수천만 원 혹은 억대에 가까운 의상제작비가 든다고 한다. 비용도 비용이지만 시간상 문제로 매번 모든 의상을 만들지 못하는데, 이때는 시중에 있는 의상을 구매 또는 협찬을 받거나 커스텀을 하는 식으로 진행한다.

이번 방탄소년단 경우는 짧은 시간 탓에 제작이 아닌 이미 만들어진 의상 중에서 적합한 것을 찾는 상황이었다. 방송 전에 피팅이라고 해서 준비된 옷을 입어보고 사이즈나 핏은 맞는지, 준비한 스타일링이 어울리는지, 멤버끼리 합은 맞는지를 점검한다. 제작 의상의 경우는 제작자가 옷을 가장 잘 알기 때문에 피팅부터 방송 당일까지 동행해서 돕기도 하지만, 협찬의 경우 스타일리스트에게 옷만 보내고 나머지를 위임하여 진행한다. 옷만 약속된 곳으로 보내고 연예인들의 얼굴은 보지 못하는 경우가 더 많다. 협찬이 성사되는 과정에서 '피팅'이 제일 중요하다. 퍼즐조각이 딱 들어맞듯 협찬해간 옷이 전체적으로 어우러지는 것은 물론 소속사의 컨펌이 떨어져야 선택받는 것이다. 어울리지 않을 경우를 대비해 여러 대안을 마련해두고 A 바지가 어울리지 않으면 B 바지, C 바지로 교체하는 식이다. 그렇기에 내 옷이 협찬되었다고 해서 꼭 입게 되는 것은 아니다. 방탄소년단이 입는다고 해서 모든 종류의 바지를 보냈지만, 최종 선택이 되어 무대에 오르게 될지 또 누가 입을지는 아무도 모를 일이었다. 당장에라도 내가 알고 있는 모든 사람에게 '야! 방탄소년단이 내 한복을 입었어!'라고 자랑하고 싶은 마음이 굴뚝이었지만, 아직 착용이 확정되기 전이었기 때문에 비밀을 지킬 수밖에 없었다.

평범한 어느 날 저녁, 당시 집에서 멜론뮤직어워드MMA를 시청하고 있었다. 방송사별로 보내주는 연말 가요시상식을 보는 건 K-pop 팬들의 당연한 일과다. 두둥, 두둥, 두둥 하는 북소리와 방탄소년단 무대가 시작되었다. 그해 활동 곡 'IDOL(아이돌)'을 국악 버전으로 편곡한 무대였다. 북소리와 함께 처음 등장한 것은 삼고무와 함께 춤을 추는 제이홉*이었다. 삼고무에 한복을 입고 팝핀 댄스를 추다니. 지금까지 본 적 없는 신선한 무대였

다. '한국적인 걸 이렇게 모던하게 보여주다니. 멋있다.' 가요에 국악기 소리를 믹스하고 한복과 셔츠를 믹스해 입었는데 너무 절묘하고 아름다워 소름이 돋을 지경이었다. 이어 지민**에게 카메라가 돌아갔다. 이번엔 부채춤이었다. 팟! 하는 소리와 함께 일사분란하게 펼쳐지고 접히는 부채 춤사위는 황홀했다. 지민의 춤

<hr />

* 7명의 방탄소년단 멤버 중 한 명
** 7명의 방탄소년단 멤버 중 한 명

동작은 한 마리 나비를 보는 듯 가벼웠다. 의상은 서양식 블루종 점퍼에 한복을 레이어드한 스타일이었다. 그 자태에 빠져 감상을 한창 하고 있을 때쯤 "어… 어?" 하고 동공이 흔들렸다. 동작이 빠르고 화면이 짧아 넘어가서 자세하진 않았지만, 지민이 입은 바지 허리춤에 접힌 형태는 리슬의 '사폭 슬랙스'가 분명했다.

한복 바지는 마루와 사폭이라는 조각으로 이루어져 있는데, 허리둘레보다 크게 만들어서 여분을 접어 입는 것이 특징이다. 그래서 바지 앞 여밈부가 안으로 접어 들어간 독특한 형상이 생기는데, 이것을 본떠 만든 것이 바로 이 사폭 슬랙스다. 우리가 자주 입는 서양식 일자 바지 슬랙스와 이 한복 바지 허리춤을 결합시켜 허리 부분은 한복식, 무릎 아래는 서양식으로 만든 디자인이다. 이 독특하게 접어진 앞 여

| 사폭 슬랙스

밈를 보자마자 이건 리슬이라고 단번에 알아본 것이다. 비록 멤버 전원이 리슬 한복을 입은 건 아니었지만, 지민이 내가 만든 바지를 입다니 놀라운 일이다. 이때 입었던 의상과 무대는 팬들 사이에서도 두고두고 회자되며 레전드로 손꼽히는 무대일 정도로 연출과 구성이 탁월했고, 사자탈과 부채춤처럼 전통적 요소가 가득한 무대였다. 리슬 한복이 그 가운데 빛을 발했다. '방탄소년

단이 우리 옷을 입었는데 뭘 해야 하지? 어떻게 해야 할까?' 지금 같은 상황은 침착하고 냉정한 사업적 판단이 필요한 때다. 하지만 그땐 당장 거리에 뛰쳐나가 "동네 사람들! 제가 방탄소년단 한복을 만들었습니다. 딴사람 아니고 제가요!"라고 외치고 싶은 심정이었다.

옷을 협찬했을 뿐인 단순한 사건일지도 모르지만, 나는 이 일을 방탄과 리슬이 컬래버한 것이라고 본다. 그저 브랜드가 알

문화체육관광부가 발행하는 정책 주간지 〈위클리 공감〉 표지에 실린 방탄소년단 지민의 무대 모습

려진 것뿐만 아니라, 사업적으로 한 단계 크게 도약하는 계기가 되었기 때문이다. 당대 최고의 셀럽과의 컬래버는 모든 디자이너의 바람일 것이다. 예상대로 방탄소년단의 영향력은 엄청났다. 내가 민간 전문가 위원으로 활동하는 전주시 전통문화과에 이 사실이 전해지며 '전주 출신 디자이너의 한복'이라고 신문에 기사가 나가기 시작했다. 한두 개 기사가 나기 시작하더니 점점 많은 언론 인터뷰 요청이 쏟아졌다. 모든 멤버의 한복이 아니라 딱 1점의 바지인데 대서특필되는 기분이 들어 민망하기도 하고 너무 과하게 방탄소년단을 언급하는 것 같아 조심스러운 마음이 들어 말을 아끼기도 했다. 오히려 인터뷰하는 기자님과 방송국 측에서 방탄소년단이 입은 그 한복은 무엇이며, 어떻게 한복을 입히게 되었는지 물어서 아예 그 옷을 따로 빼서 걸어두었을 정도다. 과장 없이 한 100번 정도 말한 듯하다. 돌이켜 생각해보면 바지 하나라고 부끄러워할 일이 아니라 차곡차곡 쌓아온 상품에 대한 믿음과 현대식 한복의 가치가 인정받은 일이라는 생각이 든다. 이후 4년이라는 시간이 흘렀지만, 여전히 방탄소년단 한복은 내 인생 최고의 디자인으로 기록되어 있다.

BTS(방탄소년단) 한복을 만든 장본인이라는 사실이 알려지면서 주변 반응이 달라졌다. 여태껏 한복이 얼마나 가능성 있는 옷인지, 얼마나 세계적으로 주목받고 있는지 일일이 설명하고 긴 시간 설득해야 했지만, 이젠 BTS가 입었다는 한마디에 모두가 고개를 끄덕이기 시작했다. 한복을 패션 장르로 만들겠다는 비전을 발표할 때마다 '그게 가능하겠어?', '누가 한복을 입는다고?'와 같은 부정적인 시선이 컸는데 이 일을 계기로 긍정적인 시선이 압도적으로 많아졌다. 실제로 한복을 찾는 수요도 늘었을 뿐 아니라 K-pop 세계에서는 한복이 하나의 콘셉트로 자리 잡았다. 방탄소년단은 단순히 한복을 착용한 셀럽을 넘어서 한복계 활성화와 모던 한복의 대중화에 한 획을 그었다고 해도 과언이 아니다.

K-pop 스타와 한복의 컬래버레이션은 한복을 알리는 강력한 방법이라는 생각이 든다. 8~10년 전에는 사극 드라마 사진을 캡처해 보내며, 이런 한복을 구해달라는 해외 고객의 문의가 많았다면 이제는 K-pop 스타들의 사진을 보내며 비슷한 한복을 요청해온다. 좋아하는 스타의 한복 패션과 비슷한 옷을 공수해 입고 커버댄스 영상을 올리는 걸 보며 그 영향력을 실감했다. 그 이후로 의도적으로 K-pop 스타들의 패션을 분석해 힙한 콘셉트의 한복을 선보이고 있다. 속살이 훤히 드러나는 시스루 저고리, 배가 드러나는 과감한 탱크탑 한복 같은 식이다. K-pop과의 컬래버레이션 기회를 계속 만들어서 한복을 알리고자 하는 목적이었는데, 의도대로 방송과 엔터테인먼트사로부터 협찬과 협업 요청이 이어지며 인기가 뜨겁다. 방송과 매체를 통해 한복이 노출되는 빈도가 높아지니 젊은 층에서 한복에 관심이 높아지는 선순환이 일어나고 있다.

한복 우리나라 건데 왜?

소비자를 계몽하려고 하지 말라.
꾸준히 보여주고 스스로 느끼게 하라.

얼마 전 크게 화가 나는 일이 있었다. 하도 상식 밖의 일을 많이 겪어 웬만한 일에는 감정적으로 흔들리지 않는 편이다. 그런데 한복을 왜곡할 땐 정말 참을 수가 없다. 눈뜨고 코 베어 간다는 게 이런 느낌일까. 바로 독자들도 기억하는 한복공정에 관한 일이다.

한복공정이라는 신조어는 '한복'과 '동북공정'의 합성어로 대한민국 전통의상 한복을 중국 문화에 편입시키려는 왜곡된 움직임을 일컫는 말이다. 독도, 김치뿐 아니라 이제는 한복까지 그 대상이 되다니. 처음 문제의식을 느낀 건 S 게임 사건 때문이다. 사건의 줄거리는 이렇다. 중국에서 개발한 유명 패션 스타일링 게임 S에서 한국 서비스 런칭을 축하하며 한복 아이템을 선보였다. 그런데 일부 중국 네티즌들이 한복 아이템에 표기된 국적이 '대한민국'이라는 사실에 항의하며 정정을 요구했다. 한복이 중국 복식으로 표기되어야 한다는 왜곡된 주장이었다. 그런데도 게임사는 며칠 뒤 급작스럽게 한국 서비스를 철수한다는 공지를 올렸다. 사실상 한복이 중국 옷이라는 주장을 옹호한 것이다. 이 기사를 접한 기분은 황당 그 자체였다. 한복을 대한민국 옷이라 표기한 것을 문제 삼은 사람들도 이상했고, 그 말을 듣고 서비스를 접은 게임사도 이상했다. '한복이 당연히 대한민국 옷이지, 무슨 말도 안 되는 개뼈다귀 같은 소리야.'라고 SNS에 글을 올리고 싶을 정도로 분노가 치밀었지만 역효과가 날 것이 우려되어 자중하기로 마음먹었다. 강한 긍정은 강한 부정이라는 말도 있지 않은가. 괜히 나섰다가 불 싸움에 기름 붓는 격이 될 것 같았다. '몇몇 철없는 네티즌들 탓이겠지. 어딜 가나 자극적인 말로 관심을 끌려는 사람들이 있는 거니까.'라고 이해하고 해프닝으로 넘겼다.

    하지만 그 뒤로도 중국 사극 드라마 속에서 한복 입은 시녀가 등장한다든지, 중국 문화를 선보이는 예능에서 한복 입은 퍼포먼스를 선보이는 등 아슬아슬하게 선을 넘는 묘한 움직임이 포착되었다. '아니, 한두 번도 아니고. 도대체 왜 이러는 거지?' 궁금해 알아보니 그 배경에는 동북공정이 있었다. 지금까지 생긴 해프닝들이 어쩌다 몰라서 저지른 실수, 개인의 문제가 아닌 국가가 개입된 '의도'라는 판단을 내릴 수밖에 없었다. 역사에 대해 잘 몰랐기에 정확하게 동북공정이 무엇인지 알고 싶어 역사 강의를 찾아보았다. 고조선사, 부여사, 고구려사, 발해사가 중국사라는 주장을 담은 5년간의 연구사업이 동북공정의 핵심 내용이었다. 강의를 보는 내내 입이 다물어지지 않았다. 내용 자체가 충격적이기도 했고 이런 중요하고 심각한 사실을 국민인 나조차 모르고 있었다는 것에 한 번 더 충격을 받았다.

복식사라는 학문을 연구해온 덕분에 역사를 조금 알고 있다고 생각했는데, 이런 사실을 몰랐던 자신이 부끄러웠다. 특히 동북공정이 중국 정부의 주도로 이루어졌다는 사실에 경악했다. '이거, 그냥 몇몇 네티즌 문제가 아닌데?'라고 심각성을 느꼈고 어느덧 역사 다큐멘터리까지 찾아보며 그들이 주장하는 문제가 무엇인지, 왜 그런 일을 벌이는지를 공부해보았다. 나 스스로 정확한 사실을 알지 못하면 거짓된 주장에 대응할 수 없다고 생각했기 때문이다. 누군가 '저 주장이 왜 틀렸나요?'라고 물으면 사실에 근거해서 대답할 수 있어야 한복쟁이라고 말할 수 있을 테니까 말이다. 다큐멘터리 내용 중에는 동북공정 내용을 담은 역사 교과서가 공식 교과서로 채택되었다는 내용과 이 교과서로 공부하며 자란 청소년, 청년들이 왜곡된 역사관을 가지고 있다는 사실을 알게 되었다. 그들은 대한민국의 고조선, 발해, 고구려는 중국의 변방 국가이자 중국 소수민족인 조선족의 역사라고 스스럼없이 이야기하고 있었다. 그렇기에 한복도 중국 문화라고 주장하게 된 것이다.

이런 앞뒤 상황을 알고 나니 마음이 무거워졌다. '디자이너로서 무언가 행동할 순 없을까?' 온라인상에서는 이미 한복공정으로 격앙된 감정의 글과 사진이 넘쳐났고, 서로를 헐뜯고 도둑이라며 욕설이 난무한 상황이었다. 온라인에 글을 올리거나 시시비비를 따지지 않는 다른 행동이 필요했다. 중국이나 일본 등 특정 나라를 싫어하는 '혐오'는 해선 안 된다고 생각한다. 또 우리나라 문화만이 우수하다고 주장해서도 안 된다. 문화적, 역사적 다름은 존중하고 우리나라보다 뛰어난 점은 배우며 서로 인접한 국가로서 선의의 경쟁과 협력하는 좋은 관계가 되길 바란다. 하지만 과오를 사과하지 않는 것, 역사를 왜곡하는 것은 잘못된 행동이다. 화가는 그림으로 생각을 표현하고, 가수는 노래로 표현하듯 디자이너는 옷으로써 이 문제를 드러내길 원했다. 동북공정 문제의 심각성을 제기하고 한복을 입어서 응원하자는 메시지를 담은 디자인을 선보이기로 했다.

2021년 S/S 테마를 '우리 고구려'라는 주제로 고구려 시대를 조명하기로 했다. 동북공정 대상이 되는 고구려를 테마 삼아 관심을 불러일으키고자 함이었다. 한복업계에서는 주로 조선 시대 중심의 디자인을 선보여왔다. 한복 하면 떠올리는 치마, 저고리의 대중적인 형태가 조선 후기 양식이고 가장 마지막까지 존재한 왕조이므로 실존 유물과 상세한 기록이 많이 남아 있어 응용할 수 있는 소스가 많기 때문이다. 하지만 상대적으로 고려, 신라 시대 복식은 글 몇 줄, 토용(흙으로 빚어 만든 인형), 불화 등 복식 형태를 유추할 수 있는 자료가 상대적으로 적기 때문에 만나기가 쉽지 않다. 연대가 오래된 탓에 실물 형태로 보존된 유물은 거의 없고 모두 썩어서 직물 조각 형태로만 발견되는 것이 전부다. 부여, 발해 같은 고대 국가들은 더더욱 자료가 없어 창작 디자인을 하기 쉽지 않다. 디자이너들도 원천 유물의 형태나 자료가 있어야 디자인을 응용할 수 있는데, 자료 자체가 매우 한정적이다.

　이런 상황이 올 것을 선조들이 아셨는지 고대 복식연구에 한 줄기 빛이 되어준 어마어마한 자료가 있는데, 바로 '고구려 고분벽화'다. 고구려는 무덤 내부에 벽화를 그리는 풍습이 있었다. 벽화는 당시 입었던 옷, 헤어스타일, 종교, 음식문화까지 섬세하게 그려져 있어 역사의 보물창고라고 불린다. 그 누구도 반박하지 못하도록 명확하게 그림으로 옷의 형태, 문양과 색감까지 남겨놓아 복식사에서도 아주 중요한 사료가 된다. '조상님들, 완전 나이스.' 2000년 뒤를 내다보신 혜안에 감탄이 절로 나왔다. 생각할수록 고구려라는 나라는 멋지다는 생각이 들었다. 예전에는 고구려를 말 잘 타고 활 잘 쏘는 '호전적 기질'을 가진 민족이라고 어렴풋이 생각했는데, 생각해보면 세상 힙한 민족이 고구려다.

| 멋쟁이 민족 고구려의 느낌을 힙한 현대식으로 살린 리슬의 한복 스타일

노래와 춤, 흥을 두루 갖춘 데다 자유연애를 즐기고 공부와 수련 하는 것 또한 게을리하지 않아 국력도 막강했던 인싸 중에 인싸 였던 멋쟁이 민족이 고구려였다. 동북공정을 알리는 데 이만한 주제가 없었다.

　이번 일이 참으로 절묘한 건 8년 전에 쓴 나의 석사 졸업 논 문이 고구려 복식에 관한 연구였다는 사실이다. 원래는 현대 한 복이나 응용 디자인을 연구하고 싶었는데, 지도 교수님께서 남들 많이 하는 거 말고 좀 어렵더라도 고대 쪽으로 해보라 방향을 주 셔서 고른 결정이었다. '이걸 써먹게 될 줄이야.' 고서에 나오는 문장을 해석하기 위해 모르는 한자를 네이버 검색기에 한 자 한 자 그려서 해석하던 나의 수백 시간 노력과 도판 인쇄된 벽화집에 돋보기를 올려놓고 개미같이 작게 그려진 인물을 눈알 빠지도록 처다보던 그 경험을 살릴 기회가 온 것이다.

코로나 시국이었던 것을 감안해 집 안팎에서 입을 수 있는 라운지 웨어를 만들기로 했다. 고구려 복식의 기본양식인 유(저고리), 고(바지) 디자인을 본떠 엉덩이까지 내려오는 저고리와 여유가 느껴지는 통바지를 만들었다. 하의를 바지로 만든 이유는 중국 복식과 한국 복식의 구조적 차이를 보여주는 중요한 지점이기 때문이다. 한민족은 북방 기마민족으로 말을 탈 때 적합한 저고리 바지 유형이 기본이고, 중국은 저고리 치마 유형을 지녔다는 차이가 있다. 이것은 근본적으로 복식 뿌리가 다르다는 걸 보여주는 중요한 요소로 한복이 중국의 옷이라는 왜곡된 주장에 반

| 동북공정의 문제점을 알리고자 제작한 고구려 라운지 웨어 '고고리 한복'

박하는 근거가 된다. 저고리와 바지 모두 무용총 벽화를 기본으로 디자인했다. 두 개의 끈을 따로 묶는 조선식 고름이 아니라 허리띠처럼 둘러서 묶는 고구려식 벨트 디자인 '대帶' 스타일을 선보였고 고구려 복식을 잘 표현하기 위해 옷 구조에 90%는 그대로 둔 채 주머니 추가, 허리 고무밴드 등 아주 약간만 창작을 가미해 입는 데 불편함이 없도록 했다. 색감 역시 붉은 주홍빛과 베이지를 선택해 벽화에 나타난 특유의 느낌을 살렸다. 현대적이면서도 벽화에 튀어나온 듯한 이미지가 동시에 나는 리슬만의 고구려 라운지 웨어가 탄생했다. 고구려와 리슬을 합성해서 '고고리한복'이라고 이름 붙였다. 얼핏 평범해 보이는 일상복이었지만 "한복은 우리 대한민국 옷이야!"라고 외치는 옷이었다. 고고리한복의 탄생은 동북공정의 문제를 알리고 우리 한복을 알리는 나만의 방식이었다.

흔히 보던 조선 시대 치마와 저고리 형태가 아니다 보니 소비자들 반응이 다소 걱정되었다. 한복 재해석을 꾸준히 해온 내 작업은 응원받기도 했지만, 늘 비판의 대상이 되기도 했기 때문이다. 비판을 넘어 '이런 수준 떨어지는 옷이 무슨 한복이냐. 공부나 제대로 하고 만들라.'라는 비난을 받기도 했다. 아니나 다를까. 우려했던 일이 벌어졌다. '고구려의 기상을 받았다는 펀딩 스토리는 인상적이긴 합니다만, 일본의 한텐이나 료칸에서 입는 옷 같은 느낌이 엄청나게 나네요. 무인양품에서 실제로 팔기도 했고요. 이 부분에 대해선 어떻게 생각하시는지 궁금합니다.'라는 댓글이 올라왔다. 우리가 흔히 보아 온 조선 후기 저고리처럼 가슴 아래로 짧은 게 아니라 고구려의 유(저고리)는 길이도 길고, 고름이 아닌 허리띠로 둘러매서 묶는 방식이었기에 일본 전통의상과 유사하다고 느낀 모양이었다. 이번 디자인 취지와 어떤 모티브에서 이 의상이 출발한 것인지 역사적 사료까지 첨부해서 충분한 설명을 담았음에도 불구하고, 결국 달린 댓글은 '일본 옷 같다'는 내용이었다. 심지어 댓글에 달리는 댓글로 한복이다 아니다 싸움이 번져가고 있었다.

　한복을 보고도 한국인이 '일본 옷' 또는 '중국 옷'이라고 말하는 것이 속상했다. 조선 후기 양식에서 벗어나 고구려, 백제, 신라, 부여 등 우리 복식의 다양성을 조명하고 우리가 우리 옷을 사

| 고구려 고분벽화에서 영감을 얻은 그 시대 그대로의 구조와 색감

랑해보자는 취지가 왜곡되어 해석되는 것이 안타까웠다. 많은 고민 끝에 전체 공지글을 올렸다. 고구려 고분벽화에서 보이는 고구려 양식에 기초하여 만든 논란의 여지가 없는 '한복'임을 설명하는 글이었다. 한복이 한복임을 설명해야 하는 현실이 씁쓸했지만, 우리 옷이 널리 알려지는 하나의 진통이라고 생각하고 최대한 감정을 누른 채 글을 써내려 갔다.

다행히 설명을 잘한 덕분인지 해프닝은 잘 마무리되었고 프로젝트 역시 잘 마무리되었다. 익숙하지 않은 낯선 형태다 보니 취지만 알려도 성공이요, 매출은 기대조차 하지 않았는데 걱정과 달리 고고리 한복의 인기는 폭발적이었다. 1억이 넘는 매출과 함께 동북공정 이슈 역시 점화되며 의도했던 일들이 일어났다. 취지에 공감한다는 응원 글이 이어졌고, 동북공정이 뭔지 찾아보게 되었다는 후기들이 올라왔다. 고구려를 배경으로 한 한복은 처음 본다며 강렬한 스토리에 반한 카카오로부터 입점 문의도 받게 되었다. 무엇보다도 감사한 것은 고고리 한복이 인생 최애 옷이라며 출근할 때, 운동할 때, 집에서 매일같이 입는다는 리슬러님들의 사진이었다.

일상 속에 자연스럽게 번져간 한복 사진 한 장이 나에게는 천군만마와 같다. 왜곡된 글을 올리는 네티즌들을 향해 반박하고 글로 싸우는 것보다도 어쩌면 한복을 한 번 더 입는 것이 훨씬 더 강력히 한복을 지키고 알리는 일이다.

고구려 프로젝트를 통해 익숙한 형태의 치마저고리가 아니면 일본 옷 또는 중국 옷으로 여기는 시선을 차차 바꾸어가야겠다고 다짐했다. 일본이 애니메이션, 대중문화, 관광 등 다양한 방법을 통해서 일본의 복식을 친숙한 대상으로 만든 것처럼, 우리의 한복도 그렇게 만들어야 한다. 아는 만큼 보인다는 말이 있다. 한복에 대한 경험이 많아질수록 우리의 것이 제대로 지켜질 수 있을 것이라 기대한다.

대기업과 컬래버레이션, 어떻게 한다고?

나만의 색을 분명히 하라.
로고를 가리고 시장에 내놓아도 고객들이 알아보는가?

한복을 대중화하는 리슬의 방법 중 하나는 '컬래버레이션'이다. 흔히 '콜라보'라고도 부르는데 처음 의미는 서로 분야가 다른 두 대상이 공동으로 일을 한다는 의미였지만 지금은 그 의미가 확대되어 다른 분야가 섞여 새로운 걸 만든다는 뜻으로 쓰인다. 전혀 다른 장르와 합을 맞추어야 하다 보니 상대 업종에 대한 이해도 있어야 하고 조건이나, 방법을 조율해야 하기 때문에 혼자 작업하는 것보다 두 배, 세 배의 품이 더 들기도 한다. 그럼에도 리슬이 K-pop, 커피, 주류, 자동차, 화장품, 여행, SPA 등 수많은 브랜드와 협업한 까닭은 한복을 친숙하게 만들 수 있는 가장 효과적인 방법이기 때문이다. 콜라보를 하게 되면 거리를 걸어가면서도 한복을 만날 수 있고, 맛있는 음식을 먹으면서도 한복을 접할 수 있게 된다. 가장 힙하고 트렌디한 것 사이에 한복을 섞어서 대중들의 눈에 익숙하게 만들겠다는 전략이다. 실제 컬래버레이션을 통해 인지도가 확 넓어지기도 했고, 많은 팬을 얻기도 했다. '한복을 결혼식 예복으로만 생각했는데, K-pop과 만나니 신선하게 느껴졌다.' 'SPA• 브랜드와 콜라보한 한복을 일상복으로 즐겨 입고 있다. 입을수록 한복의 매력을 느낀다.'라며 감사 인사를 받기도 했다. 콜라보레이션은 한복의 경계를 넓히고, 더 많은 예비 소비자를 만나게 하는 수단인 셈이다.

어느 날 한 통의 메일을 받았다. 이랜드의 '스파오'라는 SPA 브랜드에서 온 메일이었다. 스파오는 1020 세대 사이에서 컬래버레이션 맛집으로 유명한 가성비 브랜드다. 짱구, 세일러문, 해리포터, 펭수와 같은 다양한 캐릭터와 합작한 상품으로 큰 인기를 끌었는데 가장 대표적인 아이템은 '파자마'였다. 바로 그 시그니처 상품인 파자마를 한국적으로 만들어보고 싶다는 내용이었다. 스파오는 전국 70개 매장을 보유하고 있고 중국, 말레이시아 등지에 진출했을 정도로 넓은 유통망을 지닌 브랜드였기에 메일을 읽자마자 가슴이 빠르게 뛰었다. "잘하면 한복을 전국적으로 퍼뜨릴 수 있겠는걸." 우리가 그토록 이루고 싶은 한복 대중화를 실현할 기회였다. 아직 리슬은 두 개 매장을 운영하는 스몰 브랜드고, 상대는 몇 배나 체급 차이가 나는 큰 기업이었기에 한복 상품

• Specialty store retailer of Private label Apparel, 자사 제품을 직접 기획, 제조, 유통하여 대량 생산을 통해 원가를 낮추고 저렴한 가격에 빠른 상품을 내놓는 브랜드. '패스트패션'이라고도 불린다.

이 만들어진다면 엄청난 영향력을 끼칠 것이 분명했다.

흥분을 가라앉히고 차분하게 긍정 의사를 담은 답장을 써나갔다. 제안 메일을 받았지만 의사 결정 단계에서 의견이 반려되거나 조건이 맞지 않아 무산되는 경험도 많다. 계약이 확정되기 전이라 조심스럽게 미팅을 요청했다. 스파오팀은 꽤 우리에게 호의적이었다. 첫 미팅을 위해 직접 전주로 찾아왔고 나는 궁금한 것들을 쏟아내듯 물어보았다.

"메일 받고 아주 반가웠어요. 어떻게 저희 리슬을 알고 제안을 주셨어요?"

"한복으로는 리슬이 제일 유명하던걸요. BTS가 입은 것도 봤고, 마마무 옷 만드신 것도 봤어요."

담당자는 한복 협업을 위해 브랜드 조사를 꽤 했다고 했다. 특히 리슬이 만든 한복 홈웨어에서 가능성을 보았다고 이야기해주었다. 코로나19로 시도한 디자인이었는데, 이 디자인이 협업의 물꼬를 터준 기회가 된 것이다. 코로나에도 불구 살길을 찾았더니 선물 같은 기회가 주어진 셈이다. 협업을 위해 찾아본 한복 브랜드 중 리슬이 가장 돋보였고 매력적이었다며 모든 관계자가 만장일치로 리슬을 꼽았다고 말해주었다. 리슬만 수락하면 스파오는 당장 콜라보할 작업을 마친 상태라고 이야기했다. 우리와의 미팅 후 상부 보고가 마무리되면 협업 여부가 결정될 것이라 여겼는데 그것이 아니었다.

"이미 부장님 보고까지 모두 완료했어요. 보시자마자 여기랑 꼭 하라고 하시던걸요. 저희는 리슬을 꼭 섭외하려고 전주까지 찾아온 것이에요."

　많은 한복 브랜드 중 다른 곳은 알아보지도 않고, 제안도 오직 우리에게만 보냈다고 했다. 대기업으로부터 받는 러브콜에 감사하면서도 어깨가 으쓱한 느낌이었다. 회의에 참석한 팀원에게 '봐. 우리가 이렇게 멋진 일을 하는 브랜드라고!' 자랑스러움의 눈빛을 쏴댔다.

　"그런데 어쩌다가 한복과의 협업을 생각하게 되신 거예요?"

　"저희는 SPA기 때문에 트렌드에 민감하거든요. 요새 10대

| 리슬과 콜라보하기 위해 직접 전주까지 내려온 스파오 담당자들

20대들이 선호하는 실시간 이슈를 매일 모니터링하는데, 최근 한복에 대한 관심이 폭발적으로 늘었더라고요. 한복 만들어달라는 요청도 꽤 있었고요."

가장 인기 있는 대상들과 콜라보하는 비결은 역시 고객에 집중하는 것이었다. 매일 SNS, 온라인 데이터를 모니터링해서 시장의 요구를 듣고 신속하게 의견을 반영한 옷을 만드는 게 콜라보 맛집 스파오의 비결이다. 시장을 캐치하는 스파오의 예리함에 한 번 놀라고, 한복이 패션으로 인정받고 있다는 사실에 두 번 놀랐다. 리슬 런칭 때만 해도 '한복이 일상복이 될 수 있을까?'라는 꼬리가 늘 따라붙었는데, 가장 트렌드에 민감하다는 SPA 브랜드에서 감지할 정도의 영향력이 되었다는 사실에 속으로 쾌재를 불렀다.

나는 이미 미팅 전 제안을 수락하기로 마음을 정한 상태였다. 고민이 전혀 없었던 것은 아니다. 모든 SPA 브랜드가 그런 것은 아니지만 SPA라고 하면 퀄리티가 높지 않고 빠른 생산이 낭비를 부추긴다는 부정적인 인식이 있다는 게 마음에 걸렸다. 한복을 입었을 때 가장 행복하고 기분 좋은 경험을 주어야 한다는 리슬의 철학에 따라 우리는 값이 들더라도 좋은 품질을 유지하는 것을 모토로 한다. 혹시 이번 협업 상품이 좋지 못한 품질로 생산된다면 리슬을 경험했던 고객들에게 나쁜 인식만 심어주지는 않을까 하는 염려가 있었다. 하지만 더 중요한 것은 한복을 입는 경험 자체를 확대하는 것이라고 생각했다. 리슬이 예쁘고 편하지만, 가격이 부담된다는 의견이 늘 있었고 가격대 때문에 시도조차 하지 못했다는 예비 고객도 상당하다. 하지만 리슬이 가진 생산 규모와 유통망으로는 합리적인 가격을 만드는 것이 어렵다. 수백 벌 단위가 아니라 수천 벌, 수만 벌 단위가 되어야 대중적인 가격을 만들 수 있기 때문이다. 이랜드가 가진 유통망과 생산 인프라를 이용하면 3만 원대 가격으로 상하의를 만들 수 있어 보다 많은 사람에게 한복을 입힐 수 있다. 이런 가격대라면 선물이나 관광기념품으로도 훌륭한 상품이 될 터였다. 품질이 떨어지지 않도록 감리를 잘하는 방식으로 우려되는 부분을 보완하기로 하고 계약을 확정했다.

여름용 한복 파자마를 만들기로 하고 스케치에 돌입했다. 해외에서 대량으로 생산하는 구조였기 때문에 기간을 고려해 최

소 2개월 전에는 확정된 디자인이 나와야 했다. 기한은 정해져 있고, 많은 양이 생산되는 거라 부담이 됐다. 만약 수만 벌 옷을 생산했는데 팔리지 않으면 창피한 일이다. 한복이, 리슬이 얼마나 힙하고 사랑받는 존재인지 증명해 보여야 한다는 생각에 첫 스케치를 완성하기까지 많은 시간이 걸렸다. 제일

어려운 일은 대중적이면서도 저렴하게 만들어야 한다는 점이다. 예상된 소비자가 3만 원대에 맞추려면 사용 가능한 옷감도 제한 적이었고, 장식도 원하는 대로 넣을 수 없었다. 디자인이 복잡하면 제작공임이 올라가니 복잡한 형태도 피해야 했다. 최소한의 디자인 요소만 가지고 예쁘고 차별화 있는 디자인을 잡아야 했다.

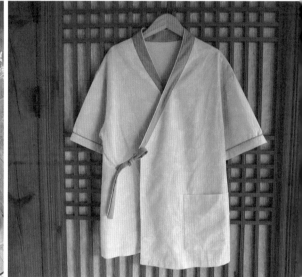

| 이날치의 노래 '범 내려온다'에서 착안한 '수궁가' 테마의 파자마

　　테마로 잡은 것은 전통 판소리 '수궁가'였다. 당시 나는 이날치의 노래 '범 내려온다'에 빠져 있었는데, 이 노래는 본래 판소리 수궁가의 한 자락이다. 범 내려온다 신드롬에 빠진 젊은이들이 원곡을 찾아 나서며 국악의 매력에 빠졌다는 댓글이 쏟아졌

고 색다른 형태로 소개된 '범 내려온다' 덕분에 국악에 관심이 생겨났다고 한다. 이처럼 한복 역시 파자마를 통해 우리 한복에 관심이 높아지길 바라는 마음에서 정한 테마다. 수궁가에 등장하는 토끼, 거북, 호랑이, 바위, 불로초 문양을 여기저기 배치해 한국적인 문양을 만들었다. 파자마 색상 역시 전통적인 지백색(가공하지 않은 한지에서 나타나는 연한 베이지색), 비색(고려청자 같은 연한 푸른색), 군청색 등을 사용했다. 한복의 핵심 포인트 깃과 고름은 배색을 넣어 한복 특징을 살렸다. 일반 저고리 형상과 차별화를 꾀하기 위해 파자마에 자주 쓰는 파이핑(선 장식) 디테일을 넣어 현대적인 느낌을 더하고 주머니에 파도 문양과 SPAO라는 글자를 결합한 도안을 만들어 자수를 넣었다. 어렵사리 완성한 디자인이었지만, 샘플 작업이 문제였다. 한복을 제작할 때 가장 어려운 것이 바로 깃인데, 공정 자체가 까다로울 뿐 아니라 얼굴 바로 밑부분에 위치해서 인상을 결정짓는 중요한 부분이다. 서양식 칼라가 달린 파자마는 수십 만장 생산해본 스파오였지만 깃 작업은 공정이 전혀 달라 샘플 단계에서부터 애를 먹었다. 깃만 몇 번씩 뜯어내고 고치고를 반복했다. 서양복과 완전히 다른 봉제법 때문에 예상보다 작업은 지연되었고 4개월 만에 겨우 작업이 완성되었다. 최종 디자인이 끝나자마자 생산에 들어갔고 반응이 어떨지 내심 기대 반, 걱정 반 심정이었다. 엄청난 물량이 들어간 옷인데, 혹시 반응이 좋지 않아 재고로 남으면 어떡하나 하는 걱정이 들었지만, 진인사盡人事 했으니 대천명待天命 하기로 했다.

| 지백색, 비색, 군청색 등으로 제작한 한복 잠옷. 깃과 고름을 디자인해 한복의 특색을 살렸다.

결과는 기대 이상으로 폭발적이었다. 일주일 뒤부터 보낼 수 있다는 조건으로 양 브랜드에서 동시 예약주문을 시작했는데, 첫날부터 품절 사태가 벌어졌다. 리슬 측에서 주문받은 양만 3억 원어치였다. 며칠 안 가 스파오 측으로부터 전화가 왔다. "대표님, 반응이 정말 좋은데요. 이 디자인 그대로 가을 제품까지 바로 만드시죠!" 한복을 아직 경험해보지 못했는데 가성비 있는 가격으로 입문하게 되었다는 고객, 커플로 함께 매일 집에서 입는다는 고객, 코로나로 재택근무 중인데 한복 파자마와 함께 집에서 한복 라이프를 즐기고 있다는 고객 등 수많은 후기들이 쏟아졌다. 성공한 컬래버레이션 사례로 손꼽히며 기사와 언론의 주목은

물론 리슬의 인지도를 한껏 끌어올리는 계기가 되었다.

"여기가 스파오랑 콜라보해서 잠옷 만든 곳 맞죠? 한복 파자마 덕에 알게 됐어요." 신규 고객 유입 효과도 엄청났다. 스파오는 한복을 대중적인 제품으로 만들었다는 공로로 문화체육관광부 장관 명의의 한복사랑 감사장을 받기도 했다. 그 후로는 협업 제안도 쏟아졌다. "스파오랑 협업하신 그 한복 브랜드 맞죠? 저희와도 컬래보레이션해보실 생각 없으신가요?" 하며 요청 메일이 잦아졌다. 인지도가 높아진 것도, 고객이 늘어난 것도, 큰 매출이 생겼다는 점도 좋았지만 내가 꿈꾸고 상상했던 일이 실현되었단 점이 제일 기뻤다. 만 벌이 훌쩍 넘는 한복이 전국에서 입히는 짜릿함을 맛보았다. 그러므로 컬레버레이션을 제안받고 싶다면 '자기만의 색'을 분명히 가지는 것이 정말 중요하다. '아! 거기' 하면 떠오를 만한 시그니처(무늬, 색깔, 상품 등)를 가지고 있다면 더욱 좋다.

컬래버레이션의 핵심은 내 브랜드의 아이덴티티가 무엇인지 명확히 하는 일이다. 리슬은 '한복을 패션 장르로 만든다'라는 모토 아래 캐주얼한 콘셉트 한복을 선보이고 있다. 하이패션이 아닌 대중 패션을 선호하고, 지금 당장 입을 수 있는 옷을 추구한다. 만약 우리 콘셉트가 장인정신을 기반으로 했다거나 공예적 기법(핸드메이드)을 강조하는 것, 우아한 무드의 고상함을 강조하는 한복 브랜드였다면 스파오와의 콜라보는 어려웠을 것이다. 상대 브랜드와 아이덴티티가 맞지 않기 때문이다. 그렇기에 컬레버레이션을 제안받고 싶다면 '자기의 색깔'을 분명히 하는 게 제일 중요하다.

두 번째로 중요한 것은 화합시켰을 때 자연스럽게 공감이 되는가 하는 지점이다. 보자마자 절묘하다는 반응이 나와야 한다. 그래서 어떤 상품을 만들 것인가가 중요한데 스파오의 시그니처 파자마와 리슬의 한복이라는 본질을 섞어서 한복 파자마가 탄생했듯 결과물이 자연스러워야 한다. 콜라보를 위한 콜라보, 굳이 왜 저걸 섞었지 하는 끔찍한 혼종을 만들어서는 안 된다. 브랜드와 브랜드의 속성을 섞어서 케미가 딱 맞는 상품군을 후보로 만들어놓고 추리는 과정이 필요하다. 실제 스파오와의 콜라보에서 전통문양이 그려진 티셔츠와 같은 상품도 후보에 있었지만 실제로는 출시되지 않았다.

세 번째 중요한 것은 '커뮤니케이션' 능력이다. 컬래버레이션은 공식이 없기 때문에 두 브랜드의 적극적인 의견 교류가 필수다. 작은 조직일지라도 전담자가 없는 일은 '애매하게' 방치되는 경우가 많다. 누가 나서서 하겠지 하는 마음에서다. 수익 배분 방식, 개발상품 가짓수, 일정, 판매방식, 역할분배 등 그 어느 하나 정해진 기준이 없다 보니 결정이 더디고 어렵게 느껴진다. 상대 브랜드에서 내심 기준을 정해주길 기대하기보다 솔직하게 원하는 것을 말하며 조율해나가길 추천한다. 처음부터 서로의 원하는 바를 충분히 이해하고 출발하는 게 좋은데, 만약 내 입장에서는 '시도' 자체를 목적으로 두었는데 상대는 '많은 매출'이 목적이라고 한다면 중간에 엎질러지거나 최종 결과물이 아무런 반응을 얻지 못한 채 사라지게 된다. 컬래버레이션을 황금알을 낳는 마케팅 수단으로 여기거나, 상대 브랜드의 유명세에 기대겠다는 생각으로 접근해서는 큰 실패를 맛보게 된다. 협업 역시 진심이 중요하다.

플라스틱으로 만든 한복과 노리개

고객과 시대가 요구하는 것들을
상품과 결합해보라.

요즘 패션계의 화두는 친환경이다. 친환경을 넘어 필(必)환경이라는 용어가 나올 정도로 그 중요성은 점점 깊어지고 있다. 대학 시절 산림자원학을 전공하며 나무와 지구환경에 대한 중요성을 4년 내내 들어왔는데, 이제는 장르 불문, 창작자라면 환경 문제에 대해 고민해야 할 시점이 온 것이다. 한복을 만드는 나 역시 환경 이슈에서 자유롭지 않다. 브랜드가 먼저 행동을 취하지 않아도 소비자들로부터 적극적인 요청이 들어오기 때문이다. 리슬은 친환경 브랜드는 아니지만, 미비하게나마 환경 문제를 의식하고 어떻게 실천할 수 있을지를 고민하는 중이다.

지금 소비자는 이전보다 능동적으로 의견을 전달한다.

"마른 체형 모델만 보여주지 말고 통통한 체형, 중년 모델도 보여주세요.""외국인 모델을 쓸 때 백인만 쓰지 말고 다양한 인종의 모델을 활용해주세요.""동물 모피나 털을 이용한 소재가 아닌 비건 소재를 사용해주세요."

실제 리슬이 받은 요청들이다. SNS 메시지나 댓글, 게시판 등 의견을 전달하는 절차가 쉬워진 이유도 있지만 '다양성'이라는 가치가 중요해졌기 때문이라고 생각한다. 이전에는 마르고 큰 키만 아름답다고 생각했다면 이제는 통통하거나 작은 키도 아름답다고 여긴다. 한 가지 종류의 아름다움이 다양한 아름다움으로 바뀐 것이다. 이 같은 다양함이 당당히 요구되고 존중받는 시대가 된 것을 기쁘게 생각한다. 이런 다양함이 인정받는 시대가 되었기에 한복도 하나의 패션으로 인정받을 수 있기 때문이다. '너 왜 한복 입었어?'가 아닌 '너 오늘 한복 입었네.'로 취향이 존중받는 시대가 온 것이다. 리슬의 브랜드 철학 깊은 곳에 다양성 존중이라는 가치가 있으므로 고객 의견이 타당하다면 최대한 존중하며 가능한 한 모두 반영하려고 노력한다. 제품 사진을 촬영할 때마다 서로 다른 체형과 인종, 나이를 가진 모델을 여러 명 섭외하는 건 시간과 비용이 높아 모든 상품 페이지에 적용할 수는 없지만, 체형이 다른 리슬 팀원 모두가 옷을 착용해서 다양한 착용 샷을 보여주는 방식으로 최대한 노력하고 있다. 내가 환경 문제를 생각하게 된 배경은 리슬을 사랑하는 몇몇 리슬러 때문이었다.

꾸준히 주문하는 리슬러가 계신다. 그분 주문서엔 항상 박스나 비닐 포장이 싫으니 매장으로 옷을 찾으러 가겠다는 요청이 달려 있다. '굳이? 이렇게까지?'라는 생각이 들기도 한다. 한 사람이 상자 하나, 비닐 하나 사용하지 않는다고 해서 달라질 일이 아니라고 생각했기 때문이다. 이 고객뿐만이 아니다. 매장에서 옷을 자주 구매하는 한 리슬러는 4~5장씩 모인 깨끗한 쇼핑백을 다시 돌려주곤 한다. 쇼핑백을 잘 보관해두었다가 챙겨오는 수고로움이라니. 번거로움을 자처하는 그분들은 도대체 왜 그렇게까지 하는 걸까 생각해보았다. 결정적으로 환경 문제의 심각성을 느낀 것은 2019년 쇼핑백 규제법이 생기면서부터다. 당연하게 사용했던 비닐봉투 사용이 금지되면서 마트, 백화점 내에서 더는 제공이 불가능해졌다. 백화점으로 팝업스토어를 다녔던 우리도 이 법규를 전달받았다. "이제 4월부터 재활용이 불가능한 쇼핑백은 들고 오시면 안 됩니다." "저희 쇼핑백은 종이로 되어 있으니 괜찮지 않나요?" "이건 겉면이 코팅되어 있어서 안 돼요." 종이니까 당연히 재활용되고 상관없을 것으로 생각했는데 아니었다. 정부에서는 차례차례 음료 빨대, 일회용 컵 사용 등에 제한을 걸어나갔다. 사업자로서 너무 불편한 규제만 늘어나는 것 같아 불만스러웠다. 하지만 이유가 있었다. 쓰레기 발생으로 인한 환경 문제가 한계에 다다랐기 때문이다. 뉴스에는 쓰레기 매립지가 부족해 해외로 수출하는데, 그것 역시 거부당해 쓰레기 처리할 곳이 없어 문제라는 보도가 쏟아졌다. 동시에 내가 살고 있는 아파트 게시판에는 쓰레기가 너무 많이 발생해 수거가 힘들어졌다는 공지가 붙었다. 먼 동네 이야기라고 생각했는데 당장 내가 사는 동네에도 해당되는 이야기다. 왜 그 리슬러가 작은 쓰레기 하나라도 줄이려고 했는지 절박함이 공감이 되는 순간이었다.

그 뒤로 리슬에서는 패키지에 대한 고민을 해보기 시작했다. 우리가 옷을 생산하는 과정에서 쓰레기를 줄이는 것은 기술적인 도입이 필요한 부분이라 당장 실현하기 어려웠다. 대신 눈에 들어온 것은 투명 비닐이었다. 리슬은 완성된 옷을 개켜서 투명 비닐팩에 넣어 선반형 물류창고에 보관한다. 고객에게 물건을 배송할 때마다 보관상 문제로 비닐이 심하게 구겨진 것들은 벗겨내고 새 비닐을 씌워서 보내는데 이 과정에서 비닐이 많이 발생했다. 오염을 방지하기 위한 목적으로 씌운 비닐이었기에 품질과는 관련이 없지만, 비닐이 구겨져 있으면 입던 옷을 보낸 것이라는 오해를 받거나 가격대비 질이 엉망이라는 항의가 들어왔기 때문에 지키게 된 방침이다. 교환이나 반품이 들어오면 비닐을 벗기고 새로운 포장을 씌워야 하는데, 이 과정에서 또다시 비닐이 발생한다. 썩지 않는 비닐을 대체할 소재로 한지와 보자기를 떠올렸지만 적용할 수는 없었다. 한지는 선반에 보관하면 심각하게 구겨질 수밖에 없고 비가 오는 날에는 상품이 훼손될 수도 있다. 게다가 천으로 된 보자기는 비닐 대비 도입 비용이 100배가 비싸다. 아니면 옷을 포장하지 않은 채 걸어만 놓고 주문 나갈 때마다 비닐에 담는 방법도 있으나 이는 작업 시간이 늘어나 배송 인력을 지금보다 3배는 늘려야 한다. 조건을 만족하는 대체재를 찾는 건 하늘의 별 따기였다.

그러다 한 달간 열심히 찾아다닌 끝에 친환경 비닐을 알아냈다. 나와 같은 문제의식을 느낀 전문가들이 개발한 쉽게 썩는 비닐이다. 발품을 팔아 가장 저렴하게 제조하는 공장을 찾았지만, 우리가 사용하는 비닐 중 한 가지 종류만 대체 가능했고, 그것마저 지금 쓰는 비닐 대비 3배가 넘는 비용이라 고민되었다. '이걸 바꾼다고 해도 전체 비닐을 다 바꾸는 것도 아니고 반쪽짜리 시도인데 의미가 있을까? 아냐. 안 하는 것보단 낫지. 그런데 비용이 3배나 비싸다니… 고민이네. 지구한테 미안한 마음을 조금이라도 덜어내려면 이 정도는 감수해야지.' 이 같이 결심하고 잘 썩는 비닐을 도입했는데, 문제가 발생했다. 신소재로 만들어진 비닐이다 보니 표면이 너무 미끌거렸다. 선반에 쌓아서 올려두면 미끄러져 쏟아져 내렸고 때때로 재정리를 해야 했다. 또 다른 문제는 썩는 비닐은 기술상 투명하게 만들 수가 없어 불투명한 상태였는데, 행텍 위에 부착된 바코드가 읽히지 않았다. "대표님, 이거 취지는 좋은데 정리도 잘 되지 않는 데다 바코드도 찍히지 않으니 능률이 영 나지 않는데요. 일이 안 돼요." 배송 담당자는 효율이 떨어지니 친환경 비닐을 쓰지 말라는 요구를 해왔다. 어렵게 찾아냈고, 작은 시도라도 해보자는 고민 끝에 더 비싸더라도 결정한 대체재였는데 현장에서 기능 문제로 문제 제기가 들어온 것이다.

결국 친환경 비닐은 현재 만들어둔 것까지만 사용하고 더 나은 대체재를 찾아보는 것으로 합의했다. 비용은 둘째치고 작은 비닐 포장 하나 바꾸는 게 이렇게 어려운 일일 줄 몰랐다. 직접 부딪혀보니, 환경 문제가 왜 해결하기 어려운지 새삼 깨달았다. 원료 생산자, 창작자, 기업, 소비자 모두가 동참해야 하는 복합적인 문제임과 동시에 기존 소재를 대체할 수 있는 기술 역시 필요했다.

환경 문제에 관심이 생긴 후부터 친환경 소재를 이용한 한복을 만들어보고 싶다는 생각이 들었다. 그렇게 찾아간 것이 친환경 원사를 생산하는 효성이다. 효성은 폐플라스틱을 녹여 리사이클링 원단 생산 기술을 보유한 기업이다. 홈페이지 하단에 이메일을 보내고, 인스타그램 계정을 찾아 디엠DM을 보냈다. 며칠 뒤 회신이 왔고 서울 본사에서 미팅을 잡았다. 리사이클링 원단으로 한복을 만들어보고 싶단 말에 효성 측에서는 고개를 갸우뚱했다. "저희 원단이 아웃도어나 스포츠웨어 쪽에 초점이 맞아서요. 이걸로 한복을 만들 수 있을까요?" "그럼요, 지금 저희 한복도 모두 양장지로 만들고 있어요. 지금 보여주신 이것들보다 신축성만 좀 덜하면 만들 수 있을 것 같은데요." 첫 미팅에서 원하는 소재를 찾진 못했지만, 충분히 가능성이 있어 보였다. 만져본 리사이클링 원단은 기존에 사용하던 일반적인 원단들과 크게 다를 바 없었다. 그렇다면 한복을 만드는 데도 문제없다. 오랜 소통 끝에 효성에서 샘플 소재를 제공할 테니 친환경 한복을 프로젝트로 만들어보자는 의견이 성사되었다. 가장 좋은 방법은 한복에 특화된 친환경 소재를 개발하는 것이었지만, 일단은 시범적으로 기존에

개발된 친환경 소재를 사용해서 가능성을 보자는 것이었다.

한 달간의 작업 끝에 여성용 치마, 저고리, 남녀공용 셔츠와 바지, 두루마기 등 총 7점의 한복을 만들었다. 한복에 적합하면서 당장 재고가 있는 친환경 원단을 골라내다 보니 쓸 수 있는 원단이 푸른색, 흰색, 검은색 3가지뿐이었다. 아쉬운 대로 푸른색 원단과 흰색 원단 위에 무늬를 프린팅하는 방식을 써서 장식을 가미하고 흑백 모노톤으로 상하의 합을 맞추었다. 폐플라스틱을 녹인 원단이라는 점에서 착안해 '지구'를 생명을 관장하는 여신으로 설정하고 그 여신을 위한 옷을 만든다는 콘셉트를 잡았다. 푸른 원단밖에 없어 푸른색으로 된 두루마기와 한복 치마를 만든 것인데, 막상 지구를 표현하는 듯해서 절묘했다. 이런 신소재를 써서 한복을 만들 수 있다는 것을 보여주기 위해 전통한복에 가까운 형태로 한 벌을 만들고, 일상복으로도 손색없는 단순 구조

효성그룹과 콜라보로 제작한 친환경 소재 한복

의 저고리형 셔츠와 검은 바지를 만들었다. 흔히 입는 셔츠와 바지 스타일이었기에 모던한 느낌이 강했다.

제작된 친환경 한복을 공개 전시할 기회가 있었는데, 보는 사람마다 플라스틱으로 만든 소재라고 하면 깜짝 놀라며 옷을 매만졌다. "아, 이게 진짜 플라스틱으로 만든 거라고요?" "딱딱하지가 않네요. 그냥 옷 같아요" "세탁할 수 있나요?" 전시장에서 질문이 쏟아졌고 대부분 긍정적인 반응이었다. 어디서 살 수 있느냐고 묻는 사람도 있었다. 소비자들은 몰라서, 접할 기회가 없어서 환경 문제에 관심을 주지 못하는 것일지도 모른다. 양산해서 판매를 진행한 것은 아니었지만 효성과의 프로젝트를 통해 충분히 상품화도 가능하고, 시장 반응도 나쁘지 않다는 데이터를 얻어 자신감이 생겼다. 나는 환경운동가가 아닌 디자이너지만, 내가 만든 한복을 통해 사회적인 메시지를 담을 수 있다는 것 또한 경험했다. 불현듯 '이렇게 한복을 만들 수 있다면 한복 장신구도 친환경적으로 만들 수 있지 않을까?' 하는 아이디어가 떠올랐다.

폐플라스틱을 녹여 실을 뽑아 원단을 만들었으니, 폐플라스틱을 녹여 한복 노리개 장식을 만들면 좋겠다는 생각이 들었다. 버려지는 플라스틱을 파쇄해서 붕어빵 틀 같은 것에 부어내면 원하는 모양으로 재성형할 수 있다. 여러 가지 플라스틱 조각이 녹으며 서로 섞이다 보니 자연스러운 마블이 형성되면서 마치 천연 옥 같은 느낌이 살아났다. '플라스틱을 녹여 만든 옥'이라는 뜻으로 노리개에 플라옥이라는 이름을 붙였다.

간단해 보이는 일이지만 샘플을 만드는 데 3개월이 넘는 시간이 걸렸다. 마치 옥을 깎아 만든 울퉁불퉁한 모양을 구현하는 게 복잡하고 어려웠기 때문이다. 환경 문제를 업사이클링으로 해결하는 사회적 기업 터치포굿과 손잡고 어렵사리 금형을 구현했고 노리개 밑에 다는 매듭 장식부터 포장 하나까지 친환경적인 방법으로 상품을 완성했다. 플라옥 노리개를 선보였을 때 취지에 응원하는 분들도 많았지만, 몇몇 분들은 이해할 수 없다는 반응도 있었다. 플라스틱인데 가격이 비싸다는 것이다. 사실 그럴 수밖에 없다. 진짜 옥 펜던트를 구매하는 것보다 플라옥을 만드는 비용이 더욱 비싸기 때문이다. 폐플라스틱을 수거해 깨끗이 세척하고 말리고 파쇄해서 만드는 과정에서 시간과 에너지가 몇 배는 더 든다. 물론 보석 옥보다 플라스틱 옥이 더 비싼 것이 말이 안 된다는 사람도 있지만, 버려지는 자원에 더해진 지속 가능이라는 가치는 옥보다 더 귀한 것이라고 공감해주는 사람도 많다.

리슬 옷이 모두 친환경이냐 묻는다면 그것은 아니다. 지금 쓰는 배송 방식과 포장법이 친환경적이냐고 묻는다면 그것 역시 아니다. 아주 일부지만, 조금씩 실험하고 시도하는 중이다. 아직도 편의성이나 비용적인 측면에서 현실과 타협할 때가 많다. 처

버려진 플라스틱을 작은
조각으로 파쇄한다.

일정한 비율대로 색을
섞어 고온에 녹인다.

금형틀에 넣어 모양을
찍어낸다.

틀에서 플라옥을 분리하고
표면 불량을 검수한다.

| 플라스틱이 플라옥이 되는 과정

음부터 완전할 수 없으니, 차근히 단계를 밟아 친환경적인 비율을 높여가는 방식을 선택하고 있다. 쉽지 않다는 걸 알고 있다. 몇 번 시도해보니 그 과정에서 수고를 감수해야 하고, 타협을 거절하는 강단 있는 결단이 필요하다. 그래도 오래가려면 꼭 필요한 일이라고 생각한다. 50년, 100년을 가는 브랜드가 되려면 시대가 요구하는 것들을 잘 녹여낼 수 있어야 하지 않을까.

한복, 이제는 메타버스에서 만나

분야에 갇히지 말고
경계를 확장시켜라.

"황 대표는 젊어서 좋겠어. 어쩜 매번 그렇게 발 빠르게 새로운 도전을 하는 거야?"

오십을 훌쩍 넘긴 수십 년 연차의 한복 선배님들에게 종종 듣는 말이다. "감사해요. 근데 저도 어려워요." 겸손하려고 하는 소리가 아니라 진짜다. 정말 빠르게 변화하는 트렌드를 쫓기가 어렵다. 매일같이 새로운 플랫폼과 기술이 계속해서 등장하니 공부를 안 할 수가 없다. 특히 코로나19 이후로는 비대면 온라인 기술이 속속 등장하면서 비즈니스 문화도 많이 바뀌었음을 실감한다. 이전에는 무조건 '만나서 이야기합시다, ○월 ○일 ○시 전주에서 뵙겠습니다'였는데 이제는 온라인 미팅으로 다음 날 바로 만날 수 있다. 덕분에 의사결정이나 프로젝트가 빠르고 신속해졌다. 일하는 환경과 방식이 바뀌다 보니 원하든 원치 않든 익히고 도입할 수밖에 없는데, 나이와는 상관없이 이제는 필수적 선택이 되어버렸다.

내 컴퓨터 인터넷 첫 페이지는 유료 구독 중인 트렌드 리포트 서비스로 설정되어 있다. 하루에 한 개씩 글을 읽으며 업무를 시작한다. 이외에도 관심 있는 분야 뉴스레터를 받아보거나 한복이라는 키워드가 담긴 뉴스 기사를 스크랩해서 보는 방식으로 흐름을 놓치지 않기 위해 노력한다. 최근 가장 충격받은 정보는 메타버스와 NFT였다. 메타버스는 우리가 사는 세상처럼 생태계와 실존세계가 연결된 온라인 가상세계를 말하고, NFT*Non-fungible token는 블록체인 기술을 이용해 jpg파일이나 동영상에 고유한 표식을 부여한 디지털 자산을 말한다. 처음 그 존재에 대해 들었을 때 페이스북과 인스타그램을 처음 접했을 때처럼 낯설었다. 도대체 무슨 소리인지 알아들을 수가 없어 한동안 멍하니 굳어 있었다. 알아들은 거라곤 미래를 주도할 굉장히 중요한 무언가라는 것 정도만 이해되었다. 블록체인이 어떻고, 가상세계가 어떻다는 이야기는 와닿지 않는 먼 미래 이야기였다. 한 가지 확실한 것은 그것이 미래의 대세가 되는 무언가라면 한복과 엮어야 한다는 것이다.

내가 생각하는 한복은 단순한 전통문화가 아니다. 무한한

● 대체 불가능 토큰

콘텐츠가 될 가능성을 가진 줄기세포라고 여긴다. 무엇과 결합하느냐에 따라 문화가 될 수 있고, 산업이 될 수 있고, 오락(엔터테인먼트)이 될 수 있다고 생각한다. '전통'이라는 틀을 깨고 다양한 분야와의 접목을 통해 신선하고 새롭다는 인식을 주고 싶다. 그래서 미래 기술로 주목받는 메타버스와의 만남은 또 다른 재미있는 가능성을 보여주는 시도라고 생각했다. 오랜만에 새로운 도전 욕구가 활활 불타올랐다.

"좋아. 다음은 너로 정했다."

아는 게 전혀 없는 분야였기에 공부를 시작했다. 몇 개월에 걸쳐 기사, 책, 전문가 강연 영상 등을 찾아보며 나름의 정보를 쌓았다. 하지만 몇 번을 읽어도 이해되지 않는 내용이 많았다. 단어와 문장은 이해되지만 왜 그런 일이 일어나는지 이해되지 않았다. 새로운 인류를 만난 듯한 느낌이랄까. '아니, 그러니까 실물을 주는 것도 아닌 NFT 작품을 수백, 수천만 원을 주고 산다는 거야? 희소성 때문에? 알다가도 모르겠네.' 기술을 이해하는 것보다 새로운 세상이 추구하는 가치를 받아들이는 것이 훨씬 어려웠다. 때로는 '내가 기술자도 아니고 IT 관련자도 아닌데 이걸 왜 공부하고 있지? 한복만 잘 만들면 될 뿐인데.'라는 생각도 들었지만, 곧 도리질을 치곤 생각을 바꾸었다. '아니지. 아니야. 누군가는 우리 전통을 미래 방식으로 전해야 할 것 아냐.' 그러다 차츰 시간이 흘러 다양한 사례가 나오기 시작하자 조금씩 이해가 되기 시작했다.

가장 대표적인 메타버스 플랫폼으로 손꼽히는 제페토를 다운받아 접속해보면서 어린 친구들의 행태를 따라 해보니 두루뭉술했던 개념이 어느 정도 잡혔다. '가상세계 속에 또 다른 내가 있는 것이구나. 동시접속 가능한 싸이월드 미니미 같은 거네. 옛날엔 2D였던 것이 이제는 3D가 된거고.' 완벽하진 않지만, 어느 정도 개념을 이해하자 여러 아이디어가 떠올랐다. '그럼 내 캐릭터에 입힐 옷이 필요하겠구나. 메타버스에서 BTS(방탄소년단) 가상콘서트가 열린다면 평소보다 특별한 메타버스 옷이 필요할 테고….' 메타버스를 통해 기존 비즈니스 세계를 확대할 수 있다는 말이 이제야 이해되었다. 지금까지 원단과 가위, 바늘을 가지고 진짜 입을 수 있는 한복을 만들었다면 마우스와 컴퓨터 프로그램을 가지고 가상의 한복을 만드는 시대가 온 것이다. 딱 한 번 가상의 옷을 만들면 10개든 1,000개든 팔릴 수 있으니 제조업의 한계를 넘어설 가능성이 느껴졌다.

리슬의 업태인 제조업에 대한 본질과 한계에 대해 늘 고민해왔다. 제조업에서 100만 원 매출을 위해서는 100만 원어치 제품을 만들어야 하고 그만큼의 재료와 제조 인력이 필요하다. 100만 원 매출을 1,000만 원으로 올리려면 늘어난 목표치만큼 생산량과 재료, 인력이 필요한 구조다. 투입된 자원을 늘려야 매출도 느는 2차 산업의 한계에 아쉬움을 느껴왔다. 그런데 새로 만난 메타버스 세계는 이런 나의 고민을 해결해주는 열쇠였다. '여기서 한복을 만들면 재고도 안 생기고, 원단값, 인건비도 들지 않는다. 이건 대박!' 더욱이 메타버스 세계는 언어도 공간의 한계도 초월한 곳이기에 한복을 전 세계에 알리는 데 안성맞춤인 곳이다. 그런데 문제는 온라인상에 한복을 어떻게 만드느냐 하는 것이었다. 알아보니 실물 한복 패턴을 만들 듯 디지털로 패턴을 만들고 색을 입히는 프로그램을 다루는 엔지니어가 필요했는데 이것은 전문 기술이 필요한 영역이었다.

기회를 보던 어느 날 한 통의 메일을 받았다. 메타버스 세계 내에서 컬렉션도 하고 NFT도 만드는 컬래버레이션을 하자는 내용이었다. 상대는 메타조선이라는 잘 알지 못하는 신생팀이었지만, 대환영이었다. 미팅을 통해 딱 한 가지를 요청했다. "마침 관심 있던 영역이었는데, 제안해주셔서 정말 감사합니다. 혹시 저희랑 콜라보를 진행하고 저희한테 NFT가 뭔지, 메타버스는 어떻게 하는 건지 한 수 가르쳐주시면 안 될까요?" 우리가 바란 건 수익도, 성과도 아닌 실전 경험이었다. 이론으로 이게 어떤 것이더라 공부하는 것보다 더 확실한 건 한 번 해보는 것이었다. 실수가 있고 준비 과정이 매끄럽지 못하다고 할지라도 그것 자체가 배움이 되니 설사 이번 시도에서 성과가 나지 않는다고 할지라도 전혀 손해가 아니라고 생각했다. 제안팀은 흔쾌히 수락했고 리슬 옷을 입은 캐릭터를 만들어서 NFT 작품을 발행하고 제페토의 메타버스 옷을 제작하는 것으로 협의했다.

기술을 잘 이해하고 있는 팀을 과외 선생님으로 섭외한 덕에 혼자 공부할 때보다 빠른 속도로 새로운 기술을 익힐 수 있었다. 민팅, 지갑, 홀더, 화이트리스트 등 외계어 같던 용어들도 어떤 뜻인지 쉽게 이해했다. 약 3개월간의 준비 끝에 3D 캐릭터 '소미'가 리슬 옷을 입은 디지털 작품 9점를 만들어냈다. 한복 외에도 동북공정으로 홍역을 앓고 있는 김치, 독도, 동해, 고구려 등 한국 문화를 소개하는 스토리를 담은 작품이다. 우리 프로젝트는 클립드롭스라는 국내 NFT 전문 플랫폼에서 첫선을 보였다. 9점의 작품을 50개 한정으로 총 450점을 판매했는데 354점이 판매되며 당시 가치로 약 2,500여만 원의 수익을 냈다. 첫 NFT 프로젝트는 성공이었다. 제페토의 메타버스 의상은 총 7점을 만들어서 오픈한 지 하루 만에 25점의 아이템이 판매되었다. 몇 개 월간 공부하며 들인 노력에 비하면 많은 판매량은 아니었지만, 그 가능성은 나를 흥분하게 했다. 메타버스 세계 내에서 한복이 활보할 생각을 하니 실제 판매된 것은 25점이지만, 2만5천 개를 판 것

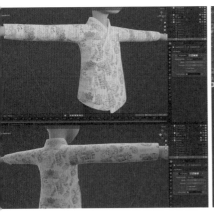

| 메타버스 속 한복 모델 3D 캐릭터 '소미'를 만드는 과정

처럼 기뻤다. 미국 리슬러도 메타버스 한복을 한 벌 장만해서 친구들에게 자랑했다고 보여주었다. 온라인 수출인 셈이다.

주변에서도 신기하다는 반응이었다. 메타버스 어쩌고 들어는 봤는데 그것이 뭐며 한복을 어떻게 한 것이냐고, 리슬은 어쩜 새로운 생각을 끊임없이 해내냐며 비결을 묻는 질문이 이어졌다. 어쩌면 옛것을 고집할 것 같은 '전통'의 한 장르인 한복이 가장 최신의 기술과 만나는 조합을 신선하다고 느끼는 것 같다. 특별한 비결은 없고 단, 한 가지 원칙이 있을 뿐이다. "사람들이 주목하는 것이라면 장르 불문. 한복을 연결한다."

| 김치, 독도, 동해, 고구려 등 한국 문화를 스토리로 담은 소미 캐릭터

한복에 대한 7가지 오해와 궁금증

Q. 생활한복은 세탁하기가 어렵나요?

생활한복은 기성복에 사용되는 면, 린넨, 폴리에스터 소재를 쓰기 때문에 똑같은 방식으로 세탁하면 됩니다. 한복이기 때문에 특수한 방식으로 세탁을 해야 할 것 같지만 세탁기용 세제, 세탁기, 손세탁 모두 가능합니다. 구매처 혹은 한복에 부착된 케어라벨을 확인해서 어떤 소재로 만들어졌는지에 따라 세탁합니다. 반드시 드라이클리닝해야 하는 울, 실크 소재를 제외하고는 일반 옷처럼 똑같이 세탁하면 됩니다. 전통한복 저고리 위에 달린 동정(목둘레에 달린 흰색 띠 장식)은 종이로 만들어져서 세탁 때마다 제거하고 다시 달아야 하지만, 생활한복 저고리의 동정은 흰색 원단을 사용하기 때문에 교체 없이 그냥 세탁하면 됩니다. 매번 떼거나 교체를 해야 하는 것이 아니니 걱정하지 않아도 됩니다.

Q. 생활한복은 여름엔 덥고, 겨울엔 춥지 않나요?

한복을 주로 실내 예식용으로 입어왔기 때문에 생긴 오해입니다. 한복 옷감은 얇고 비침이 있다고 생각하지만, 계절별로 다양한 소재가 있습니다. 여름용 옷감으로는 모시, 인견이 있고 겨울용 옷감은 모본단, 누비, 동물 가죽과 털 등이 있습니다. 요즘 생활한복은 기성복에 사용되는 양장식 소재는 물론 기능성 섬유까지 적용하기 때문에 일반 옷과 기능적으로 절대 떨어지지 않습니다. 겨울에는 울, 모직 등으로 제작된 한복 위에 야외활동에 적합한 한복 코트, 한복 조끼, 한복 패딩 등을 매치하면 따뜻하게 겨울 한복 스타일링이 가능합니다.

Q. 생활한복은 왜 이렇게 비싼가요?

무조건 비싼 것은 아닙니다. 가격대는 만 원 단위부터 몇십만 원 단위까지 다양합니다. 비슷해 보이는 일반 티셔츠라도 가격 차이가 있는 것처럼 생활한복 역시 품질, 디자인, 브랜드 인지도, 사후관리 등에 따라 가격 차이가 납니다. 한복 공정이 일반 옷 공정보다 복잡하고 낯설어서 생산 원가가 높은 편입니다. 원가를 낮추려면 대량으로 제3국에서 제조하는 방법이 있는데, 그 수량이 몇백 장 단위가 아닌 몇천 ~몇만 단위가 되어야 합니다. 이것이 가능하려면 수천 벌의 옷을 생산할 수 있는 자본력과 판매할 수 있는 유통력, 시장수요(소비자) 세 박자를 갖춰야 합니다. 특히 기업 입장에서는 시장에서 한복을 얼마나 원하는가, 수요가 얼마나 있는가에 따라 생산량을 결정합니다. 한복에 대한 인기와 관심이 날로 높아지고 있긴 하지만 아직 청바지처럼 대중성 있는 아이템은 아니다 보니 대부분 다품종 소량 생산하고 있어 큰 생산설비와 규모를 가지고 생산되는 일반 옷과 비교하면 가격이 높은 것은 사실입니다. 저를 비롯한 많은 한복 전문가들이 아름다운 디자인, 높은 품질, 경쟁력 있는 가격을 갖출 수 있도록 노력하고 있습니다.

Q. 생활한복, 개량한복 명칭이 헷갈립니다. 무엇이 다른가요?

두 가지 모두 전통한복에 변화를 주어서 일상생활에서 입을 수 있게 만든 한복을 부른 말입니다. 생활한복은 1980년대 후반 민족문화운동을 하는 일부 사람들의 깨달음에서 시작되었습니다. '왜 우리는 자주적인 삶을 외면서 서양 옷만 입지? 한복이 가진 조금의 불편함을 바꾸면 일상에서 충분히 입을 수 있을 것 같은데.'라는 생각을 담아서 만들기 시작한 게 바로 생활한복입니다. 처음 만들어진 옷이다 보니 부르는 용어도 '개량한복', '거레옷', '우리옷', '민복' 등 제각각이었습니다. '개량'이라는 단어는 '잘못된 것을 고쳤다.'라는 의미가 담겨 있으니 한복에 문제가 있어서 고친다는 뜻으로 해석될 수 있어 '생활한복'이라는 말을 권장하고 있습니다. 하지만 여전히 '개량한복'이라고 부르는 사람이 적지 않아서, 업계에서는 혼용되어 사용하는 실정입니다.

Q. 신한복, 모던한복, 현대한복은 그럼 뭔가요?

2014년 즈음 패션성과 기능성을 고루 갖춘 진화된 생활한복이 등장했습니다. 기존의 생활한복처럼 일상에서 입을 수 있도록 만들었다는 점은 똑같지만, 착용자가 2030 같은 젊은 세대라는 점에서 차이가 있습니다. 기존의 주요 생활한복 수요층은 중년이었는데, 청년층도 소비할 수 있는 다양한 스타일이 선보여진 것이지요. 새롭게 등장한 젊은 스타일의 생활한복을 디자이너마다 '모던한복', '캐주얼한복', '패션한복', '일상한복', '데일리한복', '디자인한복', '퓨전한복' 등 제각각 부르기 시작했습니다. 생활한복의 한 갈래라고 이해하면 됩니다. 2014년 출범한 한복진흥센터에서는 '신한복'이라는 용어를 제시하였지만, 현재는 '신한복'이라는 용어는 사용하지 않습니다. 명칭에 대한 합의가 있지 않아서 브랜드마다 다르게 표현하고 있는 상황입니다. 리슬은 현대화된 한복이라는 의미로 '모던한복' 또는 '생활한복'이라고 부르고 있습니다.

Q. 전통 무늬가 새겨진 티셔츠, 한복 소재로 만든 정장도 한복인가요? 리슬은 어디까지를 한복이라고 보나요?

어디까지를 한복으로 볼 것이냐에 대한 논의와 연구를 하고 있기는 하지만 학문적으로 명확히 정의되거나 개념화되어 있지 않습니다. 학자와 디자이너마다 생각하는 개념에 차이가 있습니다. 저는 디자이너가 의도를 가지고 한국적인 요소를 상당히 넣어 만든 옷을 모두 한복이라고 정의합니다. '한국적인 옷=한복'이라고 생각합니다. 전통무늬가 새겨진 티셔츠나 한복 소재로 만든 정장은 한복의 형태를 띠고 있진 않지만, 한국적인 요소가 더해진 한국적인 옷, 이것 역시 넓은 의미의 '한복'이라고 생각합니다. 형태, 색, 소재 중 한 가지라도 한국적인 요소가 들어간 옷은 넓은 의미의 한복이고, 우리가 떠올리는 조선 시대 형태의 치마, 저고리와 같은 한복은 좁은 의미의 한복으로 구분해서 생각하고 있습니다. 김밥, 떡볶이, 부대찌개는 정통 한식이라고 말할 순 없지만 지극히 한국적인 음식, '한식'인 것처럼요. 깃이나 고름같이 특정한 요소가 있어야 한복이라고 해야 하지 않느냐는 의견도 있습니다. 하지만 깃이나 고름은 한복을 구성하는 형태의 일부일 뿐 배냇저고리나 전복(한복 조끼의 한 종류)처럼 깃이나 고름이 없는 경우도 존재하기 때문에 특정 요소가 있느냐 없느냐를 기준으로 한복이냐 아니냐를 정의하긴 어렵습니다.

Q. 한복 입는 날도 만들고 대중화를 위한 노력을 하면 좋을 거 같은데요?

일본에서는 성년식, 축제에서 전통의상을 입는다고 알려지면서 우리도 그런 행사가 있었으면 하는 의견을 내는 경우를 많이 봤는데요. 우리나라에도 한복 입는 날이 있습니다. 매년 10월 21일로, 1996년부터 시작해서 20년이 넘은 기념일입니다. 이날엔 한복 전시, 한복 패션쇼 등 다채로운 행사와 즐길거리가 펼쳐집니다. 2018년도부터는 21일이 있는 주를 '한복문화주간'으로 확대해서 행사를 열고 있습니다. 하지만 설문조사에 의하면 한복의 날이 있다는 사실을 알고 있다고 대답한 사람은 11%, 들어만 봤다가 41%, 전혀 모른다고 답한 사람이 47%라고 하니, 사실상 잘 알려지지 않은 셈입니다. 한복의 날은 하나의 대표적인 사례일 뿐, 이처럼 한복을 알리기 위한 노력은 오래전부터 있었고 지금도 진행 중입니다. 한복업계 마케팅 지원, 한복 교복 근무복 도입, 한복 신진 디자이너 발굴, 초중고등학교 한복 교육, 한류와 연계한 한복 개발, 한복 축제, 한복 박람회 개최 등 다양한 시도와 노력을 기울이고 있습니다. 아직 부족하지만, 생활 속에서 한복을 접할 기회를 늘리기 위해 정부부처, 문화계, 산업계, 교육계가 모두 움직이고 있습니다. 행사나 축제를 통한 노력도 분명 있어야겠지만 '나도 한번 입어볼까?'라는 개인의 적극적인 참여와 관심도 필요합니다. 더 많은 분이 한복의 매력에 빠져, 하나의 패션으로 일상에서 즐기셨으면 좋겠습니다.

나만의 분야를 만들기 위해서는 지루할 만큼 평범한 일들을 오랫동안 반복해야 한다. 내가 잘하는 걸까? 나만 같은 자리에서 몇 년째 같은 모습인 것 같은 생각이 들 때도 있지만 잊지 말자. 하루에 한 발씩 백일이면 백 보를 걸을 수 있다는 사실을.

3장

따박따박 정신

비바람이 덮쳐와도

묵묵히 자기 갈 길을 걷는 태도

한복 대중화와 처참한 실패

저렴하다고 많이 팔리는 건 아니다.
가격 이상의 가치가 있음을 보여주느냐가 중요하다.

한복 대중화를 이야기하면 1순위로 나오는 말이 '입기 불편하다'라는 말이다. '가격이 비싸서'가 그 뒤를 따른다. 시중에 유통되는 한복들이 일부러 고가정책을 펼치는 것은 아니다. 일반 옷보다 생산과정이 몇 배는 복잡하고, 공임, 시장구조 등 다양한 요소가 복합적으로 얽혀 있다 보니 기성복보다 높은 가격대로 판매된다. 소비자들은 '원단을 저렴한 걸 쓰고, 여러 벌 많이 만들면 될 일 아니냐'라고 묻는데 생산과 유통 생태계는 그렇게 간단하지 않다. 그렇게 간단하면 왜 지금까지 아무도 해내지 못했을까. 나 역시 비즈니스 생태계를 깊이 이해하기 전, 열정만으로 한복 시장에 뛰어들어 창업했던 초창기에는 한복을 착한 가격에 만들면 확 대중화될 텐데 하는 생각에 '싼 한복'을 만드는 일을 시도해보았다. 이는 비즈니스라는 건 그렇게 단순한 논리로 움직이는 게 아니라는 걸 처절히 느끼게 된 계기다.

대량 양산 체제를 구축해야겠노라고 맘먹은 것은 창업 5년 차에 접어들었을 때 즈음이다. 1인으로 창업해 유학생 한복 드레스, 돌복 대여, 해외 쇼핑몰 운영 등 모든 게 순조로웠다. 연속적인 사업 아이디어의 성공으로 사기는 충만했고 '내가 그래도 업계에서 4년이나 있었는데 나 정도면 꽤 전문가지'라는 생각에 사로잡혀 있었는데 그 생각은 오래가지 못했다. 실력과 자본을 갖춘 경쟁사들이 나타나며 주문과 수요가 급감하기 시작한 것이다. 사람들은 새로 오픈한 곳, 새로운 디자인이 나올 때마다 썰물 빠지듯 빠져나갔다. 이미 많은 사람이 입었던 디자인, 사용감이 많은 한복보다는 처음 본 디자인, 대여 횟수가 적은 새 옷을 입고 싶어 했다. 소비자의 그런 심리는 당연하다.

새로 등장하는 곳들은 아이디어도 참신하고 신선했다. 색감도 훌륭하고, 트렌디하며 전문 모델과 포토그래퍼를 동원해 상품 이미지 퀄리티도 뛰어났다. 내가 한복을 드레스화한 아이디어를 후발 업체들이 따라 한 것 같아 화도 나고 억울한 생각이 들었지만, 사실 그 누구도 탓할 수 없었다. 한복 드레스를 내가 최초로 만든 것도 아니고, 나 혼자 이런 스타일을 만들 수 있다는 독점권이 있는 것도 아니고, 디자인이 같은 것도 아니었기에 제재할 방도도 권리도 없었다. 그동안 우리를 이용하던 고객에게 왜 타사를 이용하느냐고 탓할 수도 없었다. 객관적으로 말하면 우리 스타일은 발전이 없는 뻔한 그대로의 모습이었던 것이고, 고객들은 더 예쁘고 좋은 상품을 선택할 뿐이다. 비즈니스에 의리는 없다.

'혹시 '광고를 안 해서 그런 것일까?' 고객들이 점점 분산되고 줄어들면서 한복 대여 문의가 점점 뜸해지자 온라인 광고로 눈을 돌렸다. 당시 알아본 광고비는 하루에 몇만 원 선이었다. 30일 내내 광고를 돌린다면 백만 원이 훌쩍 넘어가는 금액이다. 그런데 그마저도 자리가 없었다. 돌복 대여 쪽 온라인 광고가 치열해진 탓이었다.

고객이 줄고, 매출이 줄자 생각이 많아졌다. '한복은 대여할 수밖에 없을까? 어떻게 해야 이 매출 부진에서 헤쳐나올 수 있을까?' 본질에 대한 문제의식을 느끼기 시작했다. 한복 대여는 한복업계의 뜨거운 감자였다. 당장 수익은 되는데, 대여가 잘되는 옷만 계속되고 안 되는 옷은 그대로 버려졌다. 대여 서비스 이후로 맞춤복을 찾는 사람은 1/100로 줄었다. 대여 서비스는 업계에 혜성처럼 등장하며 한복업체들의 쏠쏠한 수익이 되어주었으나 장기적으로는 한복을 구매하지 않는 문화를 만들었다는 점에서 양면성이 있었다. 내가 만난 한복점 사장님 중에는 본래 맞춤만 했었는데 시장의 요구 때문에 어쩔 수 없이 대여를 시작했다는 분도 있다. 고객들이 방문해서는 "여기 대여는 안 해요?" 묻고는 안 된다고 하면 열이면 열 그대로 나가버리기에 수요를 잡기 위해 대여를 시작했다는 것이다. 모두가 경쟁하는 포화된 한복 대여 시장이 아닌 '구매 수요를 만들어낼 순 없을까? 왜 구매를 하지 않을까?'라는 의문으로 이어졌다. 당연하지만 한복을 구매하기 어려운 이유는 높은 가격대라는 결론을 내렸다. 그렇다면 답은 하나다. "가격을 저렴하게 만든다면, 수요를 만들 수 있다."

한복이 비싼 이유는 맞춤생산을 하기 때문이다. 치수를 재고 옷감을 치수에 맞게 하나하나 재단을 해서 만든다. 한복을 다 손바느질로 만드니 비싼 줄 알지만, 고증 복식이나 작품전 의상이 아니고서는 대부분 재봉틀로 만든다. 한복 옷감은 '깨끼'라고 부르는 섬세한 바느질 법(1밀리미터 두께로 얇게 3번을 접어 박는 기법)을 쓰고 공정 자체가 까다롭다 보니 수십 년 기술자도 하루에 한 벌 이상 만들기 어렵다. 하루에 수십 벌 만들 수 있는 옷과 하루에 한 벌 만들 수 있는 옷의 공임은 몇 배나 차이 난다. 한복 원단값, 맞춤제작 공임, 한복 점주의 마진이 더해지다 보니 가격이 비싸질 수밖에 없다. 맞춤 수제 양복이 비싼 이유와 마찬가지다. 이걸 대량생산하게 되면 경쟁력 있는 가격이 만들어질 테고 그렇게 된다면 엄청난 수요를 끌어올 수 있을 거라는 확신이 들었다. 게다가 맞춤은 제작 기간이 3주가 소요되는데 기성 생산을 해두면 빠르게 구매할 수 있으니 일석이조다. '한복을 청바지처럼 대량생산하는 거야. 이거야말로 마이너스를 해결할 방법이야.'

곧바로 의류 공장을 인터넷으로 찾아 막무가내로 전화를 걸었다. 그리고는 다짜고짜 단가부터 물었다. 담당자는 기가 차다는 듯 어떤 옷을 몇 장이나 할 거냐 되물었다. 아무 준비도 없었던 나는 우물쭈물하다 전화를 끊어버렸다. 의류 공장 생태계를 모르는 자의 무지한 질문이었다는 걸 나중에 가서야 알았다. 공장은 한 벌을 만드는 데 드는 시간에 따라 공임을 책정하기 때문에, 실물(샘플)을 대략이라도 눈으로 확인하거나 한 장을 미리 만들어봐서 작업 난이도를 본 뒤에야 견적을 낼 수 있는 시스템이다. 커피숍 메뉴판처럼 바지는 얼마, 티셔츠는 얼마 하고 정해져 있는 게 아니다. 이런 사실을 학습하고 난 뒤 샘플을 들고 와보라는 공장을 찾을 수 있었다. 100여 벌 정도 되면 생산해볼 수 있다는 답을 받았다. 양산해본 경험이 없다 보니 100장이 많은 건지, 적은 건지 감도 없었다. '100장이면 금세 팔겠는데? 하루에 3장씩 팔면 한 달이면 돼.' 디자인 좀 괜찮고 싸면 무조건 팔린다는

계산이었다. 그때는 몰랐다. 마켓핏*이 맞지 않는 어설픈 상품은 그게 단돈 만 원이라 할지라도 1장 팔기도 어렵다는 사실을.

　몇 달의 고민 끝에 총 네 가지 디자인을 만든 뒤 품평을 거쳐 최종 세 가지를 출시했다. 많은 사람이 입을 수 있도록 포인트 디자인보다는 꾸밈은 없지만 깔끔하고 대중적인 디자인으로 방향을 잡았다. 가장 애착이 가는 디자인은 가슴

---

* 제품이 시장에서 고객의 수요를 얼마나 강력하게 충족시키는지를 의미

에 자수 장식이 있는 무릎길이의 짧은 시폰 원피스였다. 가슴 부분에 목단 자수가 들어가 인기가 있었던 미니 연꽃이라는 디자인에서 착안한 형태로 기존에 인기 면에서는 검증된 디자인이었기에 가장 기대를 많이 걸었다. 원래 디자인은 가슴 전체를 자수로 촘촘히 장식하는 것이었는데, 자수에 쓰이는 색실의 개수와 침수에 따라 단가가 변한다는 사실을 알았다. 아쉬웠지만 단가 절감을 위해서 자수의 침수를 상당 분량 빼서 꽃 가장자리 부분에 포인트를

| 대박이 날 거라 확신했던 화이트 시폰 원피스

주는 방식으로 자수를 완성했다. 여성 원피스에서 많이 입는 시폰 소재를 선택해 찰랑거리면서도 하늘거리는 한복의 이미지를 연출했다. 등 부분에는 지퍼를 달아 손쉽게 입고 벗을 수 있게 만들었다. 캐미솔 같은 형태였기 때문에 안에 티셔츠나 블라우스를 입거나 원피스 위에 가디건이나 볼레로를 걸쳐 입으면 되는 방식이다.

또 다른 디자인은 서양식 셔츠 디자인이 섞인 흰색 리넨 소재 저고리를 만들었다. 셔츠는 누구나 하나쯤은 소장하는 기본

아이템이니 베이직 라인은 필수다. 청바지나 다른 바지 안에 티셔츠와 레이어드 해서 입거나 남방처럼 걸치거나 스타일링에 따라 다양한 분위기로 입을 수 있는 장점이 있다. 네크라인은 저고리처럼 여미는 방식으로 y 자 여밈을 보면 한복을 떠올리게 된다. 소매 끝엔 셔츠에 다는 커프스를 달아 롤업해서 팔 안쪽에 끈과 겉면에 단추를 채우면 양장식이 되었다. 소재를 리넨을 썼기에 추운 겨울을 빼놓고는 삼계절 내내 어필 가능해 보였다. 무엇보다 한복의 치마, 저고리 투피스를 모두 갖춰 입기 귀찮을 때 이 셔츠 하나만 걸치면 무심한 한복룩 효과를 낼 수 있어 실용성도

| 어디든 맞춰 입기 좋아 팔릴 거라 예상했던 화이트 린넨 저고리

만점이었다. 소재면 소재, 디자인이면 디자인, 실용성이면 실용성. 어느 것 하나 빠짐없어 보였다. 그간 손짱에서 경험한 베스트셀러와 대박 디자인들의 데이터를 조합해 만든 것이라 잘 팔릴 것 같았다. 자신 있었다. 시폰 원피스는 검은색, 흰색 두 가지 색깔과 사이즈 S와 M 두 가지로 만들었다. 하얀 셔츠 저고리는 한 가지 색깔로만 100장을 만들었다. 다른 색깔, 더 많은 사이즈를 만들고 싶었지만, 사이즈 당 만들어야 하는 최소량이 있었기에 욕심대로 만들지는 못했다. 초도물량 생산비로 400여만 원이 청구되었다. 비수기 한 달 매출액에 해당하는 큰돈이었다. 하지만 반절만 팔면 원가는 금방 빠질 것이라 여기고 과감히 결제했다.

그러나 시장은 냉정했다. 생각보다 옷이 팔리지 않았다. 하루에 세 장씩만 팔면 한 달이 못가 소진될 거라는 예상은 완전히 빗나갔다. 하루에 한 개 팔기도 쉽지 않았다. '아직 우리가 이런 상품을 런칭했는지 몰라서 그래. 조금 더 기다려보자.' 조바심내지 않으려 노력했지만, 시간이 지나도 상황은 나아지지 않았다. 기다려보자는 희망적인 마음은 점점 잦아들었다. '이게 끝이 아닐 거야' '끝은 아니지?' '끝이 아닐걸?' 한동안 현실을 받아들이지 못하고 부정했다. 1년이 지나도록 생산량의 1/3도 판매되지 않았다. 시간이 지나면 지날수록 판매율은 떨어졌다. 해묵은 옷이 된 것이다. 다음 해가 되니 아예 찾는 사람이 사라졌다. 야심차게 준비했던 기성복 한복은 애물단지 재고가 되어버렸다. 엄마는 쌓인 옷을 볼 때마다 잔소리했다. "거봐라. 처음부터 그렇게 한꺼번에 덜컥 일을 저지르더니. 으이구, 이 옷을 다 어쩔 거야."
"아, 신경 쓰지 마. 좀만 기다려봐. 다 팔 거니까." 엄마 말에 날 세
워 소리쳤지만, 결국 팔지 못했다. 민망함과 속상함을 드러내고
싶지 않아 더 격하게 반응했다. 가격 때문인가 싶어 가격할인도
하고 사진이 안 예뻐서인가 싶어 사진도 다시 찍어 올려봤지만,
결과는 마찬가지였다. 2년이 지나서야 겨우 실패를 인정할 수 있
었다. 10년이 지난 지금도 그때 그 옷이 아까워 처리하지 못한 채
창고 한켠에 수북이 쌓여 있다. 설익은 첫 대량생산은 참패를 맛
보았다.

한복이 비싸니 다량으로 만들어서 싸게 공급하면 무조건
수요가 있을 거라는 직감만을 믿은 것이다. 가격이 저렴하면 잘
팔린다는 매우 단순한 생각이었다. 상품이 팔리는 데에는 디자
인, 품질, 기능, 취향, 브랜드, 가치 등 다양한 요인이 있는데 나
는 오로지 가격에만 꽂혀 나머지 부분들을 간과한 것이다. 와디
즈나 텀블벅 같은 크라우드 펀딩 사이트를 접속해보면 이런 사례
가 많다. 비슷한 디자인의 저고리인데 3만 원에 파는 곳, 10만 원
에 파는 곳 다양하다. 생각 같아선 비슷한 디자인이니 제일 저렴
한 곳의 판매량이 제일 높은 것 같은데 그렇지 않다. 고객은 단순
히 '가격'으로만 구매를 결정하지 않는다는 뜻이다. 지금 당장 길
을 걷는 사람에게 한복을 만 원에 팔 테니 사라고 하면 살까? 아
마 십중팔구 거절할 거다. 한복을 사려는 마음이 없기도 하거니
와, 만 원이 시중 한복 대비 1/10도 되지 않는 파격가라는 것조차

인지하지 못하고 있는 그에게는 만 원도 쓸모없는 지출일 테니까 말이다. 소비자가 말하는 비싸다는 기준은 얼마이고, 싸다는 기준은 얼마일까? 열이면 열 다르다. 고정수입이 없는 학생에게는 만 원과 수입이 있는 직장인에게 만 원의 무게는 다르다. 오히려 중요한 것은 이 옷이 담고 있는 가치가 가격 이상이라는 것을 알리는 점이다.

제품의 가치 = 가격 : 제값 하는군
제품의 가치 < 가격 : 왜 이렇게 비싸?
제품의 가치 > 가격 : 이 가격이라니. 완전 득템했어!

단돈 만 원짜리 제품이라도 체감되는 가치가 만 원보다 못하면 비싸다고 느낀다. 우리가 지금 한복을 비싸다고 느끼는 이유도 자주 못 입고 어쩌다가 한 번 입는 거라고 생각하니 수십여만 원 가격이 비싸다고 느끼는 것이다. 이 사실을 깨닫고 난 뒤로는 가격을 강조하지 않고 가치를 강조하고 있다. '얼마나 자주 입을 수 있는지', '집에 가지고 있는 옷들과 어떻게 활용할 수 있는지', '손이 자주 갈 수 있도록 어떤 부분을 개선하고 고민했는지'와 같은 것들 말이다. 핵심이 아닌 것으로 승부를 보려고 하지 말자. 안 팔릴까 두려워서 가격을 깎지 말고 내 제품이 얼마나 좋은 제품인지를 알리는 데 집중해보자.

철저한 분석으로 탄생한 미인도 시리즈

업계의 헤비소비자(마니아)를 철저히 분석하라.
더 좋은 것은 스스로 마니아가 되는 일이다.

첫 대량생산 실패 이후 나는 한동안 의기소침해 있었다. "그 큰돈을 들여 어찌하려고 그러냐"는 엄마의 만류에 "지켜봐라", "내가 알아서 하겠다"라고 호언장담했는데 고스란히 재고가 되었으니 입이 열 개라도 할 말이 없었다. 한켠에 쌓인 옷을 볼 때마다 엄마 얼굴을 보기 민망했다. 별말씀은 안 했지만 "거봐라"라는 말이 귓가에 들리는 듯했다. 한복 대여로 매출 구멍을 메꿔갔다.

몇 년이 지난 후 재도전을 꿈꿨다. 기성복 체제로 대량생산하는 한복을 다시 시도해보기로 한 것이다. 재도전을 생각한 데는 이유가 있었다. 한복을 즐겨 입는 사람들 사이에 특이한 움직임이 보였기 때문이다.

당시 나는 한복 입기 동호회 카페 회원이었는데 '바느질방'을 찾는다는 정보가 유행처럼 번지고 있었다. 바느질방은 한복 바느질만 하는 1인 작업실을 말한다. 작은 방에 미싱 한 대가 전부인 이곳은 상호나 간판도 없고 광장시장 2층 골목이나 후미진 곳에 숨어 있는 게 보통이다. 일반 소비자나 고객을 상대하는 것이 아니라 한복 점주들과 거래하는 외주업체기 때문이다. 한복점은 한복 점주가 직접 바느질하는 곳과 바느질방으로 옮겨 작업하는 두 경우로 나뉜다. 손님 맞이 공간, 인테리어, 원단, 디자인 상담, 치수 재기 등 서비스를 제공하는 대신 한복이 잘 만들어질 수 있도록 책임 관리하는 역할이 한복점이라고 이해하면 좋다. 솜씨가 좋은 바느질방은 유명 한복점과 전속으로 거래하며 물량이 끊기지 않기도 하고, 바느질방마다 전문 영역이 달라서 어떤 곳은 여자 저고리 전문, 치마 전문, 바지 전문, 배자(한복 조끼) 전문 등으로 나뉘기도 한다. 한복 점주들이 이용하는 바느질방을 왜 한복 동호인들이 찾는다는 걸까?

한복 동호인들은 한복점에 방문해서 치수를 재고 상담을 통해 한복을 맞추는 전통적인 프로세스에 염증을 느끼고 있었다. 이미 본인 소유 한복을 여러 개 보유한 이들은 치수를 재는 행위는 반복하지 않아도 되었고 한복점을 통하지 않고 다이렉트로 바느질하는 전문가를 찾아가면 중간 마진 없이 저렴한 금액에 맞춤이 가능했다. 또 제약 없이 취향껏 한복을 맞추길 원했는데, 몇몇 한복점에서는 관례를 벗어난 한복을 제작해주지 않는 문제도 있었다.

당시 한복 동호인들 사이에서는 신윤복의 '미인도'의 조선 후기 스타일 한복이 인기였다. 어떤 동호회 회원은 미인도 그림처럼 저고리 밑으로 흰색의 치마말기(의복을 몸에 고정시키기 위해 본판에 달린 넓은 띠)가 노출된 치마를 맞추러 갔는데 이건 기생들이 입는 치마라는 둥, 푸른 치마는 혼주 어머님이 입는 치마라는 둥, 한복지가 아닌 면 소재는 까다로워서 제작이 어렵다는 둥 혼만 났다고 글을 남겼다. 면 원단, 말기가 노출된 조선 시대 후기의 치마, 둥근 소매가 아닌 꼭 맞게 조이는 저고리 소매 등이 동호인들 사이에 한복 트렌드였는데 예복 중심 한복점에서는 이

런 소비자 요구가 반영된 한복을 만들어주지 않았다. 그래서 소비자가 직접 바느질방을 찾아 나선 것이다.

나에게 소비자 수요가 눈에 보였다. 바느질방을 찾는다, 나도 정보를 공유해달라, 그렇게 맞추려면 어떻게 해야 하느냐 비슷한 글이 반복적으로 올라왔다. 이번엔 이런 수요를 반영해 미인도 스타일 한복을 만들어보자 마음먹었다. 내가 좋

아하는 옷이 아니라 시장이 원하는 옷을 만들어보기로 했다.

대량생산 실패를 맛본 뒤여서인지 두 번째 도전은 좀 더 신중했다. 생산 단가가 다소 높더라도 한 장이라도 제작해줄 수 있다는 곳을 수소문해 섭외했다. 처음부터 생산을 결정하지 않기로 했다. 2주가 걸려 받은 첫 샘플은 나쁘지 않았지만 만족스럽진 않았다. 직접 입고 길을 걷고 팔을 올려보고, 매의 눈으로 고쳐내야 할 곳들을 찾아냈다. 소매가 짧지는 않은지? 팔을 굽혔을 때 너무 타이트하진 않은지? 몇 번이나 재면서 5mm 단위로 수정 사항을 기록했다. 일상에서 가장 입기 좋은 치마 길이가 어느 정도인지 알기 위해 실험도 했다. 대한민국 여성 평균 키 160cm 정도 되는 동생에게 입힌 뒤 계단을 오르내리며 밟히지 않는지 5cm씩 길이를 줄여가며 오르내렸다. 맨발 상태 길이에서 얼마나 올라가야 가장 예쁜 길이가 되는지 표시했다. 그래서 발목으로부터 15cm 짧아진 지점으로 치마 길이를 만들었다. 치마 길이 하나, 단추 위치 하나, 소매 길이 하나. 왜 그렇게 만들었는지 이유가 없는 곳이 없었다. 내가 직접 입어보고 생활하며 겪었던 불편함과 경험들이 큰 도움이 되었다. 그렇게 몇 번이고 고치는 것을 반복한 끝에 몇 달 만에 최종 샘플이 완성되었다. 새로운 옷은 기존의 손짱에서 선보이는 옷과는 확연히 달랐다. 색도 소재도 스타일도 차이가 있었다.

리슬의 새로운 홈페이지를 만들기까지는 몇 개월이 소요되는 일이었다. 티저를 통해 시장 반응을 먼저 확인하기로 했다. 떨리는 마음으로 내가 직접 입고 모델이 되어 사진을 찍어 블로그에 올렸다. 치마 길이며 소매통, 이 한 벌을 만들기 위해 어떤 고민들을 했는지 소상히 남겼다. 이번에는 미리 생산하지 않고 예약주문 방식을 취했다. 이미 첫 대량실패의 경험이 있었기에 똑같은 실수를 반복하지 않기 위해서였다. 분위기가 처음과 달랐다. 업로드와 동시에 하루 사이에 수십 개 댓글이 달리기 시작한 것이다. 이거 되겠구나 싶었다. 놀랍게도 폭발적인 반응이 이어졌다. 평소와는 다르게 빠른 속도로 댓글이 달려나갔다. '금액이 얼마인가요? 언제 받을 수 있나요?' 100개가 넘는 댓글이 달리며 200여만 원어치 사전주문이 들어왔다. 7일간 주문을 진행했는데 예약 기간이 끝난 뒤로도 댓글이 계속해서 달렸다. 매장은 어디이며 사전주문 지나서 이 글을 봤는데 지금은 살 수 없느냐는 질문도 쏟아졌다. 처음과는 다른 반응에 얼떨떨한 기분이었다. 이 옷이 2014년 6월 리슬의 첫 상품 '미인도 시리즈'다.

고객 반응은 예상했던 지점에서 나타났다. 현대적인 소재와 미인도 핏으로 만든 한복이라는 지점이었다. 가장 인상 깊었던 것은 '어제 한복집 여섯 군데를 돌아다녔지만 원하는 스타일을 찾을 수 없었는데… 여자들에게 드림백(꿈의 핸드백)이 있듯이 이곳에서 파는 한복은 저에게 드림한복이네요'라는 글이었다. 시장의 욕구를 기밀히 관찰해서 만든 옷은 적중했고 수많은 실험과 검토를 통해 완성도를 높인 상품은 고객 만족도도 높았다.

두 번째로 시도한 모던한복 미인도 시리즈는 한복을 입고

| 긴 시간 직접 입어보고 수정과 변형을 거듭한 끝에 탄생한 '미인도 시리즈'

생활해본 사람 시각에서 만들어진 옷이다. 깃 높이며 소매 통, 치마 폭과 길이까지 세심하게 경험을 기반으로 만들었다. 그래서였을까? 앞선 실패 때와는 달리 샘플 사진 한 장만으로도 주문 문의와 관심이 이어졌다. '보이지 않아도 소비자들은 다 느끼는구나. 무섭다. 단순히 가격이 아니라 진짜 옷처럼 활용 가능한 한복을 원했던 거야!' 어렴풋이 모던한복이라는 개념을 세워갔다. 미인도 시리즈는 '손짱'의 후반전, '리슬'이라는 새로운 국면을 열어준 일등공신이다.

백전백승, 펀딩 공략 비법

고객들은 나의 창작물이
어떤 과정을 거쳐 만들어졌는지 알고 있는가?

리슬이 인지도를 쌓은 또 다른 루트는 '크라우드 펀딩(이하 펀딩)●'이다. 와디즈^{wadiz}와 텀블벅^{tumblbug}이 대표적인 플랫폼인데, 리슬은 누적 약 20억 원의 성과(2022.10월 기준)를 냈다. 한복업계 뿐 아니라 패션업계 전체를 통틀어서도 상위권에 랭크될 정도의 성과로 기사와 언론에 화제가 되기도 했다. 작은 브랜드들이 아이디어는 있지만 그것을 실현할 자금이나 판로가 없을 때 크라우드 펀딩을 통해 자금을 조달하고 상품을 런칭한다. 크라우드 펀딩 사이트에서 한복을 검색하면 수백 가지 프로젝트를 만날 수 있는데, 몇 년 전까지만 해도 한복 펀딩 시도가 많지 않았다. 초

●   온라인소액투자중개. '크라우드(대중)＋펀딩(투자)'의 합성어로 온라인 플랫폼에서 개인으로부터 소규모 후원을 받는 행위를 말한다.

창기에는 전기킥보드, 스피커, 스마트워치 등 신박한 기능을 가진 IT 제품 위주였지만 지금은 생활용품, 패션, 문구, 강의 등 그 범위가 넓어졌다. 리슬은 어떻게 펀딩만 했다 하면 억대 자금을 모금하는지 많은 질문을 받는다. 펀딩 핵심은 두 가지라고 생각한다.

첫 번째 핵심은 상품에 고객의 '페인포인트pain point(소비자가 불편을 느끼는 지점)'를 정확히 찾아내고 녹여내는 일이다. 제품 개발의 출발점은 하늘에서 뚝 떨어지는 영감이나 디자이너의 직감(또는 취향)이 아니라 고객이어야 한다는 뜻이다. 뻔한 이야기처럼 들리지만, 고객 관점의 사고는 비즈니스에 있어 가장 중요한 요소다. 멘토링하다 보면 제품 이야기는 건너뛰고 마케팅이나 홍보 방식에 대해서만 집중적으로 질문하는 판매자를 많이 만날 수 있는데 걷기도 전에 뛰려고 하는 것과 같다. 마케팅은 안 되는 걸 되게 만들어주는 마법의 단어가 아니다. 마치 선물포장지와 같아서 내용물을 돋보이게 하는 부가적인 역할을 할 뿐인데, 내용물과 포장지의 주객이 전도되는 경우를 많이 만난다. 포장을 화려하고 근사하게 만들어서 고객을 유치했다고 해도 내용물을 받아보고 실망하면 이것은 실패한 마케팅인 것이다. 특히 크라우드 펀딩은 '왜 이 제품이 만들어졌는지?', '기존의 상품과는 어떤 차이가 있는지?'와 같은 개발 과정을 잘 담은 상세 페이지가 마케팅보다 더 중요하다. '제품 개발'이라는 단어를 듣고 굉장한 기술이 필요하다는 뜻으로 해석하는 사람도 있는데 소비자가 말하는 '혁신'은 그렇게 어려운 것이 아니다. 시중에 이미 있던 것에서 소비자가 불편하다고 느끼는 지점을 고치는 것에서 혁신이 시작된다.

나 역시 처음엔 펀딩의 승패 요소가 '남이 못하는 나만의 기술'이라고 생각했던 시절이 있었다. 예를 들면 탄소섬유를 이용해서 만든 신용카드 해킹 기능을 막는 지갑, 광섬유가 연결되어 빛이 나는 드레스, 추위에 맞서 자가 발열하는 조끼 같은 것들이다. 뭔가 대단한 기술과 기능성이 담긴 제품이어야 승산이 있을 것 같았다. 상위에 랭크된 패션잡화 프로젝트를 하나씩 분석하며 시장조사를 한 뒤 이 생각은 깨져버렸다. 잘된 상품들은 운동화, 가죽재킷, 속옷과 같은 일상에서 쉽게 볼 수 있는 것이었다. 포인트라면 그냥 운동화가 아닌 발이 편한 구조, 그냥 가죽재킷이 아닌 10년은 입을 수 있는 튼튼한 소재, 그냥 속옷이 아닌 가슴이 답답하지 않은 기능과 같이 우리가 불편하다고 여긴 그 무언가를 콕 집어 해결해준 상품이라는 점이었다. 특허, 기술, 신소재 등을 떠올렸던 것에서 벗어나 딱 반 발자국 앞선 제품을 만들어야겠다는 생각이 들었다. '그 누구도 할 수 없는 신박한 기술만을 떠올릴 게 아니라 한복을 입으며 불편하다고 느꼈던 점을 보완하면 되겠구나. 지극히 평범하지만 굉장히 공감되는 옷을 만드는 거야.'라는 방향을 세웠다.

그간 리슬 옷을 구매한 분들의 후기를 하나하나 찾아보았다. 리슬러는 왜 리슬을 선택했고 어떻게 느꼈는지를 알고 싶어

서다. 데이터를 정리하니 놀랍게도 리슬을 가장 많이 입는 시점
이 명확하게 드러났다. 바로 해외여행이다. 리슬러들은 우리 옷
을 여행 갈 때 입는 옷으로 가장 많이 즐겨 입고 있었다. 힌트가
생기니 엉켰던 실타래가 한 번에 풀리는 느낌이었다. '혁신적인
한복을 어떻게 만들어야 하지?'라는 질문에서 '여행 갈 때 입는
옷이라면 어때야 하지?'라는 질문으로 바뀌니 문제가 쉬워졌다.
리슬러들에게 여행 갈 때 옷이 어떤 점이 불편했냐고 물으니 답
이 술술 나왔다. 캐리어에 넣었을 때 구겨짐이 없어야 한다, 호텔
에서도 간단히 세탁할 수 있어야 한다, 치마보다는 바지가 좋다,
도둑에 대비해야 한다, 사진이 잘 나와야 한다 등 끊임없는 아이
디어가 나왔다. 이렇게 나온 이야기를 조합해서 탄생한 것이 여
행용 한복 '나오' 시리즈다.

'나오' 시리즈는 남녀 공용으로 만든 상의와 바지로 이루어진 투피스다. 여행 갈 때 입는 한복이라는 콘셉트기에 치마가 아닌 바지를 내세웠다. 캐리어 안에 넣어도 구겨지지 않도록 구겨짐이 적은 소재를 이용해 빨래 짜듯 쥐어짜도 탈탈 털어 입으면 되도록 했고, 전통 대구고(발목 입구가 넓은 통바지)에서 영감을 받아 널찍하게 여유를 주어 안 입은 듯 편하게 만들었다. 여기에 비장의 디테일 '지퍼를 덧단 이중 주머니'를 넣었는데 지난 파리페어 참가 때 거리에서 도둑맞은 기억을 살려 만들었다. 주머니에 넣어둔 휴대폰까지 아무도 모르게 털어가는 해외 관광지의 도둑을 막기 위한 장치다. 산행 시 휴대전화가 주머니에서 빠지지 않도록 지퍼를 덧단 아웃도어에서 착안한 아이디어다. 저고리는 린넨 소재를 써서 자연스럽게 구겨진 멋이 느껴지도록 했다. 커플로 여행가는 리슬러들도 입을 수 있게 해달라 하여 남녀공용으로 만들었다. 흔한 장식이나 배색 하나 없는 심플한 디자인 그대로였다.

한 가지 특별히 신경 쓴 것은 바로 색이었다. 여행지에서 한복을 입는 이유는 사진을 찍었을 때 색감을 살려주고, 더욱 특별한 추억을 담을 수 있기 때문인데 이런 점을 고려해 사진을 찍을 때 주변 자연경관과 잘 어우러질 수 있는 부드러운 톤을 선택했다. 이렇게 바지와 저고리를 완성하고 보니, 특별할 것 없는 저고리와 일자 바지가 나왔다. 팀 내부에서는 의견이 엇갈렸다. "대표님, 너무 평범한데요? 이게 잘될까요?" "맞아요. 크리우드 펀딩

용 디자인인데, 혁신적이라고 하기엔… 뻔한 것들인데요?" 나는
생각이 달랐다. "에헤이. 이 믿음이 적은 자여. 리슬러들을 못 믿
는 게야? 아마 잘될 거야. 한번 보라고." 리슬러들의 목소리로, 리
슬러들이 원하는 것들을 반영해서 만든 한복이었기 때문에 좋은
반응이 있을 거라 자신했다.

| 소비자 성향을 철저히 분석해서 출시한 여행용 한복 '나오' 시리즈

기다렸던 대망의 펀딩 오픈일이 다가왔다. 몇 개월을 준비
하며 기다린 터라 나뿐 아니라 모든 팀원이 시험 채점을 기다리
는 수험생의 마음으로 모니터를 바라보았다. "대표님, 시작됐어
요!" 리슬의 나오 여행 한복 프로젝트가 공개되자마자 1초 단위

로 펀딩 금액이 죽죽 올라가기 시작했다. 새로고침을 누를 때마다 금액이 갱신되어 있었다. 내심 속으로 이 정도만 되면 좋겠다라고 생각한 금액 3천만 원을 훌쩍 넘기고도 금액은 멈출 줄 몰랐다. 가장 큰 할인 혜택이 있는 구성을 획득한 리슐러는 성공을 자축하는 글을 올렸고, 마치 피켓팅(피튀기는 티켓팅)하는 기분이었다는 후기가 올라오기도 했다. 첫날 7천만 원 달성이라는 엄청난 고액을 달성하고 마무리가 되었다.

하루 만에 7천만 원이라는 성과라니, 지금껏 달성해본 적 없는 큰 액수였다. 모든 팀원의 예상을 훌쩍 넘는 폭발적인 반응에 다 같이 소리를 질렀다. '여행 갈 때 옷이 불편했던 것을 해결했

| '나오' 시리즈는 펀딩을 시작하자마자 7천만 원이라는 큰 금액을 달성했다.

을 뿐인데 생각보다 더 엄청나잖아!' 놀라움은 멈추지 않았다. 멈추지 않는 성원 덕분에 어느덧 펀딩은 1억을 넘어섰다. 한복으로 1억 돌파한 최초의 크라우드펀딩 프로젝트가 된 것이다. 그야말로 "대박"이었다. 리슬의 최초 1억 초과 달성 프로젝트 '나오'의 탄생 과정을 잘 모르는 사람들은 특별할 것 없는 민무늬 저고리와 일자 바지가 왜 이렇게 대박을 낸 것인지 이해하지 못했다. 이후 나오 시리즈와 비슷해 보이는 민무늬 저고리와 한복 바지들이 펀딩 후속 사례로 줄을 이었지만, 우리 성과를 넘어서진 못했다. 얼마나 신박하느냐가 아니라 얼마나 고객의 페인 포인트를 녹여 냈느냐가 핵심이다. 간혹 소비자에 집중해 불편 요소 해소에 힘을 썼는데도 큰 반응을 못 얻는 경우가 있다. 이 경우는 그 불편 지점이 핵심이 아닌 곁다리는 아니었는지, 그 불편에 공감하는 고객의 수가 너무 적은 경우가 아닌지 점검해보길 바란다.

두 번째 핵심 요소는 바로 팬덤이다. 방탄소년단 뒤에 아미가 있듯 리슬 뒤에는 리슬러가 있다. 리슬을 아끼고 사랑하는 사람들을 우리는 고객이 아닌 '리슬러'라고 부른다. 물건을 사는 사람 buyer(바이어), 사랑하는 사람 lover(러버)처럼 무엇무엇을 하는 사람이라는 뜻으로 leesle 뒤에 영어 접미사 er을 붙여서 만든 단어다. 이들 리슬러는 단순히 물건을 구매하고 소비하는 것을 넘어, 리슬의 철학과 정신에 공감하면서 절대적인 지지와 응원을 보내주는 이들이다. 팬을 만드는 가장 좋은 방법은 한결같은 모습을 보여주고 소통하는 것이다. 브랜드가 가진 철학에 공감한다는 것은 단기간 내에 이루어지지 않기 때문에 꾸준함이 필수다. 리슬은 아름답게 완성된 결과물(한복)을 보여주는 것도 필요하지만 그것을 어떻게 만들었는지 과정이 더욱 중요하다고 생각한다. 비슷비슷한 상품도 많고, 기술력이 강해져서 품질은 대체로 상향 평준화되어 있다. 그렇다 보니 상품이 만들어지는 과정과 탄생 동기가 주목받는 것이다. 리슬러들은 나와 같이 한복을 일상에서 입는 사람들이기 때문에 그들에게 질문하고 소통하면 '리얼한 아이디어'를 얻을 수 있다. "치마 위에 노리개를 달 수 있는 작은 고리를 달아주세요, 내가 리슬러인 것을 알 수 있게 표식(라벨)을 보이는 곳에 부착해주세요, 여름 저고리는 가을용보다 목을 낮게 만들어서 시원하게 해주세요."와 같은 내용들이다. 제작자 입장에서는 전혀 복잡할 것 없는 간단한 요구들이지만, 입는 사람에게는 큰 차이로 느껴지는 디테일이다. 아는 사람들 눈에만 보이는 세심한 배려 같은 거랄까.

신규 제품 개발의 페인 포인트를 찾아낼 때도, 그것을 적용하고 잘된 것인지 확인하는 것도 리슬러들과 이루어진다. 고객이 개선점을 이야기하면 반영해서 업그레이드 버전을 만들어내고 이것을 반복하다 보면 그 과정에서 진정성이 전달된다. 리슬을 몰랐는데 펀딩을 통해 처음 알게 되었다는 고객들이 많다. 처음에는 제품에 매력을 느껴 물건을 펀딩했다가 끊임없는 한복에 대한 연구, 더 좋은 상품을 만들려는 노력과 소통을 보고 난 뒤 팬이 된다. 그럼 다음 프로젝트도 지지해주는 것이다. 펀딩을 할 때마다 마케팅과 홍보로 매번 고객을 확보하는 게 아니라, 앞선 펀딩에서 만족과 진정성을 느낀 팬(리슬러)들이 나서서 주변인에게 추천하고 친구와 함께 공동구매를 해주는 식이다. 리슬은 펀딩 유료 광고를 거의 하지 않거나 아주 적은 금액만을 사용하고 있다. 자발적으로 홍보해주는 팬들 덕분이다.

　세상이 투명해졌다. 고기나 과일도 어디서 온 것인지, 누가 생산자인지 검색하면 알 수 있는 세상이다. 누가 어떤 과정으로 만든 것인지 확인하고 나서야 비로소 안심하고 소비한다. 창작물도 마찬가지다. 창작자의 피 땀 눈물이 얼마나 담겼는지 말하지 않으면, 보여주지 않으면 모른다. 왜 이런 것을 만들 생각을 했고, 왜 이런 모양이 되었는지 또, 왜 이런 색을 썼고, 왜 이런 소재를 적용했는지 과정과 의도를 잘 보여주는 것 또한 창작자가 갖춰야 할 능력 중 하나다.

실수투성이 한복 유니폼 납품

실수를 오답노트처럼 잘 모아놓아라.
언젠가 나만의 필살기가 될 수 있다.

리슬은 매번 프로젝트를 성공리에 끝마치는 것 같지만 그렇지 않다. 시도했다가 실패한 것들, 정말 어렵게 메우고 때워서 겨우 만든 것들도 많다. 실수는 감추고, 결과물만 보여주니 모든 게 완벽해 보일지도 모른다. SNS 등에는 가장 잘된 하이라이트만 편집해놓기 때문에 그 모습에 속으면 안 된다. 유유히 유영하는 우아한 백조의 뒷면에 고단하게 움직이는 발차기가 있다는 것을 잊으면 안 된다. 아차 싶은 작은 실수로 수백 벌 옷을 다시 만들거나 판매하지 못하는 일이 생기기도 하는데, 그럴 때면 정말 피가 마르는 심정이다. 실수 없이 빠르고 정확하게 생산해내는 노련함은 비싼 수업료를 내며 얻은 눈물 어린 결과물이다.

예전부터 한복 유니폼에 관심이 많았다. 사실 유니폼에만 관심 있는 게 아니라 한복과 결합할 수 있는 모든 것에 고루 관심이 있다. 한복 유니폼, 한복 운동복, 한복 잠옷, 한복 속옷, 한복 교복, 한복 수영복까지. 아직도 내 머릿속에는 한복과 한복이 아닌 것들을 섞어서 만들어보고 싶은 아이디어가 많다. 전통적인 콘셉트를 가진 한식당, 전통 카페 외에도 외국인 고객을 맞이하는 숙박업소, 기념품숍, 관광안내소. 나아가 올림픽과 같은 국제행사에서도 잘 어울릴 것이다. 이렇게 한복을 적용할 만한 곳이 무궁무진한데 현실에서 도입하기 어려운 이유가 뭘까 싶어 실제 업장에서 일하는 분들 열어 명과 심층 인터뷰를 한 적도 있다. '예산상 문제'와 '활동성과 심미성을 갖춘 유니폼 디자인의 부재'가 큰 탓이라는 결론을 얻었다.

디자이너들에게 제일 어려운 것이 '화려한데 심플하고', '고급스러워 보이지만 비싸지 않게', '편한데 예쁜'과 같은 말들이다. 상반된 두 가지 요건을 적절히 좌우로 나눠 배치하며 균형을 맞추어야 하는데 마치 남사당패의 외줄타기 놀음을 하는 듯한 아슬아슬함을 느끼게 한다. 그런데 유니폼은 두 가지도 담기 어려운 것을 여섯 가지나 만족시켜야 한다. 예쁜데, 편하고, 대중적이면서, 뻔하지 않고, 비싸지 않으면서, 내구성은 갖춰야 하는 난이도 최상의 작업이다. 한복 유니폼이 이렇게 어려운 옷인 줄은 많은 시행착오와 실수 끝에 알게 되었다.

신문기사를 통해 리슬을 알게 된 A 호텔 지배인이 유니폼 제작을 제안했다. 프론트 관리자, 객실 정리담당자 등 직군별로 다른 디자인을 필요로 했고 총 수십 벌 정도의 수량이었다. 한복 유니폼을 내심 작업해보고 싶었던 찰나에 들어온 제안이라 흔쾌히 받아들였고, 작업을 진행했다. 봄가을에 입을 것인지, 여름에 입을 것인지, 해당 담당자는 실내에서 활동하는지 실외 활동을 하는지, 입는 분들 나이대가 중년인지 성별은 어떠한지 등 체크해야 할 것이 많았다. 경험이 부족했던지라 담당자 피드백을 통해 뒤늦게 캐치한 부분이 많았다. "객실 관리자님들은 50대의 중년 여사님들이셔서 이렇게 허리라인을 부각시킨 원피스는 부담스러워하세요." "이 파트 실무자는 짐을 나르거나 왔다 갔다 하는 일이 많기 때문에 이렇게 여밈 형태 옷은 벌어져서 입을 수 없어요." 이런 내용은 결코 현장에 있지 않으면 알 수 없다. 피드백을 반영해 스케치를 다시 그리고 또 다시 그렸다. 최종 디자인이 선택되기까지 많은 시간이 소요되었고, 예상했던 시점보다도 한 달이 훌쩍 넘어서야 의상을 전달할 수 있었다.

문제는 그 이후 발생했다. 하얀 셔츠에 오방색으로 조각장식을 덧달았는데, 옷이 한번 빤 뒤로 빨갛게 물이 들었다는 것이다. 게다가 납품한 지 얼마 되지 않은 새 바지에서 보풀이 일어났다고 연락이 왔다. 머리가 새하얘졌다. 세탁을 어떻게 했느냐에 따라서 물이 빠지는 경우가 있는데, 물이 빠진다고 다 품질의 문제라고 볼 수는 없다. 하지만 정상적인 방법으로 세탁을 했는데도 물이 빠지는 것이라면 수십 벌을 물어주어야 할 판이었다. 남은 셔츠의 옷감 조각을 화장실 세면대에 재빨리 담가보았다. 세상에! 세제를 풀지도 않았고, 뜨거운 물도 아니었는데 넣자마자 시뻘건 물이 죽죽 빠지는 것이 아닌가. 장식으로 덧댄 5cm도 되지 않는 작은 조각 때문에 옷 전체를 망치게 된 것이다. 이런 하자 있는 원단을 판매한 원단상에게 물어내라고 따지고 싶었지만 그럴 수 없었다. 이 바닥에서는 '제대로 알아보지 않고 사용한' 제조업자 탓이 크기 때문이다. 원단 가게로 가서 언성을 높이고 싸워봤자 해결될 일이 아니다. 우리 가게와 더는 거래할 생각 말라고 욕이나 먹고 돌아가거나 잘해봐야 원단값 조금 되돌려받는 것이 전부일 게 뻔하다. 피해를 최소화하기 위해 이염을 복구해 준다는 전문 업체도 알아보고, 물든 셔츠를 되돌릴 방법을 알아봤지만 답이 없었다. 눈물을 머금고 수십 벌 셔츠를 다시 만들어야 했다.

보풀이 난다는 바지 역시 문제였다. 이것도 다시 만들어야 하나 고민하던 찰나 조금 특이한 점이 보였다. 같은 소재를 적용한 다른 직무 담당자의 옷에서는 보풀이 났다는 얘기가 없는데 특정 착장자에게서만 보풀 클레임이 걸려온 것이다. 섬유는 생물과 같아서 관리를 어떻게 하느냐, 착용자가 어떻게 생활을 했느냐에 따라 생명력이 달라진다. 혹시나 하는 마음에 소재를 전문 시험기관에 보내어 보풀 강도 테스트를 진행했다. '4~5급(매우 높음)' 성적서에 나온 등급을 보고서야 안도의 한숨을 쉬었다. 평균보다 훨씬 강한 내구성을 가진 것으로 나타난 것이다. 소재 문제가 아니라 착용자 개인의 문제였다는 것이 증명되었다. 나중에 알고 보니 나무 장작을 들고 나르면서 마찰이 잦았던 것이 원인이었다. 하마터면 바지며 치마며 역시 수백만 원어치 옷을 다시만들어야 하는 아찔한 상황이었는데 다행히 원단에는 문제가 없음을 서류로 증명해 클레임을 피할 수 있었다. 이후로 단체복이나 유니폼을 만들 때는 최소한 테스트를 거치거나 검증된 소재를써야 이런 문제를 피할 수 있다는 것을 깨달았다.

한 기업으로부터 메일을 통해 유니폼 제작 제안이 들어왔다. 예상되는 유니폼 제작 벌 수가 천 벌이 훌쩍 넘었다. 아직 정식으로 제작을 의뢰하는 것은 아니고 경쟁 PT에 참여한 뒤 선정되면 본격적인 디자인과 제작에 착수하는 과정이었다. 경쟁 PT에 참여하기로 하고 브랜드 소개서와 디자인 방향, 초안 스케치를 준비해나갔다. 제일 먼저한 것은 인터뷰 조사다. 앞선호텔 유니폼 제작 경험을 통해 착용자가 주로 하는 행동,작업 방식이 디자인에 영향을 끼친다는 것을 배웠기 때문이다. 가족과 지인, 친구에게 수소문해 B 기업 관리사로근무하는 세 분에게 용기 내접촉했다. 기존 유니폼을 입었을 때의 불편과 희망 사항

을 자세히 물었다. "우리가 보통 작업을 나가면 쪼그려 앉아서 일하게 되거든요. 앉았을 때 바지 뒤로 골이 보이면 엄청 불편해요." "블라우스 타입 유니폼이 내려온 적이 있었는데 그건 다들 잘 안 입었어요. 사실 우리 같은 중년 여성들은 몸매에 자신이 없거든. 몸매가 울룩불룩하니까 그걸 가려줘야 해요." 역시 현장의 목소리는 달랐다. 내심 머릿속으로는 승무원 유니폼과 같은 모던한 디자인만을 떠올렸는데 관리사 대부분이 중년 여성이라는 중요한 포인트를 놓칠 뻔한 것이다. 중년 여성들을 추가로 인터뷰한 후 서 블라우스, 조끼, 바지 3피스 구성으로 방향을 잡고 PT를 준비해갔다. 준비까지는 좋았는데 발표 당일 큰 실수가 생겼다.

| 현장의 목소리를 통해 캐치해낸 포인트로 제작한 모 기업 유니폼 상의

서울로 가는 KTX를 탑승했는데, 이동시간 계산을 잘못한 것이다. 택시를 타고 20분이면 제시간 안에 발표장에 도착할 것으로 여겼는데 아뿔싸 조금씩 생길 지연, 정체 시간을 고려하지 못하고 너무 타이트하게 이동시간을 잡은 것이다. 아무리 빠르게 달려도 제시간에 도착하지 못한다는 기사님 말씀을 듣고 등에서 땀이 비오듯 흘렀다. 달리는 택시 안에서 황급히 담당자에게 죽어가는 목소리로 전화를 걸었다. "안녕하세요. 오늘 ○○시에 발표하기로 한 황이슬이라고 합니다. 정말 죄송하지만 제가 시간을 잘못 보아서 예정보다 20분 정도 늦을 것 같습니다. 정말 죄송합니다." 담당자는 다급하고 당황한 목소리로 일단 전화를 끊으라고 했다. '아, 이게 무슨 망신이야. 다 끝났어. 망했다고!' PT를

| 늦게 도착한 탓에 하마터면 기회조차 없을 뻔했던 경쟁 PT 발표

따내기는커녕, 제시간에 발표장까지 도착도 못 하는 참여자라니. 시간 약속도 지키지 못하는 이런 초짜랑 누가 사업계약을 하겠는가. 이미 선정은 물 건너로 넘어간 듯했고 내가 생각해도 어처구니없는 실수에 쥐구멍에라도 들어가고 싶은 심정이었다. 오늘따라 차는 왜 이렇게 막히는지, '지금 내려서 뛰어가면 더 빨리 도착할 수 있지 않을까?' 별별 생각이 다 들었다. 얼마 지나 담당자로부터 뒤 순서에 있던 다른 발표자를 우선 배치하고 내 순서를 맨 뒤로 빼놓았다는 전화가 왔다. 다행히도 발표해볼 기회는 생겼지만, 민폐를 끼치고 약속을 지키지 못했다는 생각에 내내 마음이 불편했다. 이미 발표장에 들어가기 전부터 -100점으로 시작할 것이 분명했기 때문이다. 그때 어떻게 발표를 했는지, 무슨 말을 했는지 기억이 나질 않는다. 기억나는 건 중역 의자에 줄줄이 앉아 있던 임직원들의 서늘한 표정과 엄숙한 발표장 분위기에 세상에서 제일 불편한 자리였다는 기억뿐이다.

발표를 마치고 일주일쯤 지나서 연락이 왔다. 회장님 아래서 사업총괄을 담당하는 사장님이 나를 만나고 싶어 한다는 내용이었고, 얼마 뒤 다시 그곳에서 만남을 가졌다. 그날 사장님은 리슬과 작업을 해보고 싶다는 의사를 밝혔다. 이미 물 건너간 기회라고 생각하고 체념하고 있었는데, 예상치 못한 내용에 화들짝 놀랐다. 전직, 현직 관리사들을 찾아가 인터뷰한 부분이 인상적이었고 진정성을 느꼈다고 한다. 미숙한 나에게 계약을 제안해주셨다는 점에 어안이 벙벙했고 믿고 맡겨진 만큼 최선을 다해 옷을 만들어야겠다는 생각뿐이었다.

대규모의 유니폼을 만드는 데 가장 어려웠던 점은 입는 사람이 워낙 많다 보니 의견을 하나로 취합하는 과정이었다. 디자인은 물론이고 기능성과 가격 경쟁력까지 갖추어야 하니 어려움이 있을 것이었다. 1차 품평회, 2차 품평회, 현직자 의견청취회 등 몇 개월에 거쳐 디자인을 다시 만들고 다시 만들었다. 그려낸 스케치만도 수십 개였고, 패턴의 0.5센티를 깎고 더하면서 수정을 거쳤고 약 3개월 만에 최종 샘플을 만들 수 있었다. 만들어진 옷은 춘추복 유니폼으로 티셔츠와 블라우스의 중간 모습을 띤 상의에 네이비색 조끼와 바지를 덧입는 스타일이었다. 라인을 넣은 양장식 조끼로 허리와 복부를 날씬해 보이게 하면서도 한복의 깃과 동정을 더해 한국식으로 만들었다. 한복의 고름을 형상화한 리본을 만들어 조끼 단추에 끼우면 모양이 완성되도록 하였는데, 근무하시는 분들의 활동성을 고려해서 풀어지거나 번거롭게 묶어야 하는 어려움을 해소하기 위한 아이디어였다. B 기업의 브랜드 아이덴티티 컬러인 초록색을 포인트로 넣어 브랜딩 효과를 누릴 수 있도록 고안했다. 현직 근무자들이 희망한 '세련되면서도 전문직 이미지가 드는' 하지만 '활동은 편한' 한복 유니폼이었다. 최종 품평을 거쳐 드디어 메인 상품 발주가 떨어졌다. 약 2천 벌, 상하의 따로 하자면 4천 장가량의 대량이었다.

대량생산을 하게 되면 큰 수입이 생기니 좋을 거라고 생각하겠지만, 그만큼 위험부담도 크다. 양이 많아질수록 실수나 사고가 생기지 않도록 몇 배로 신경을 써야 하기 때문이다. 실제 큰 주문을 받아 좋아했던 한 브랜드 사장님이 납기를 제대로 지키지 못해 책임을 떠안고 위약금을 물어주는 바람에 신뢰도, 고객도, 금전도 잃은 경우를 내 눈으로 보았다. 실수하지 않으리라 몇 번이고 마음먹고 작업을 이어나갔다. 일전에 A 호텔의 유니폼 제작 실수를 통해 배웠던 내용을 떠올렸다. 수익은커녕 큰 손해를 봤던 그 경험으로 인해 이번 옷만큼은 소재 선정 전 확실하게 검증 절차를 거쳤다. 공인된 시험성적기관에 옷감을 보내어 보풀은 잘 나지 않는지, 물은 빠지지 않는지, 세탁 후 줄어들지는 않는지 등을 확인했다. 비록 시험분석을 하느라 시간과 비용이 들기는 했지만, 만약 검증 없이 무턱대고 작업을 했다가 2천 벌이 넘는 옷

| 성공적으로 납품에 성공한 B 기업 남녀 한복 유니폼

을 망친다면 더 큰 손실을 얻게 될 터다. 이번엔 디자인, 소재 모든 것을 철저히 확인했고 성공적으로 춘추복 납품을 끝마쳤다. 납품 확인서에 도장을 찍는 순간 그동안 긴장했던 마음이 탁 풀리는 듯한 기분이었다. '휴, 이번에도 한 건 해냈다.' 혹시나 사고는 일어나지 않을지, 옷이 잘못 만들어지지는 않을지, 예기치 못한 지연이 발생하진 않을지 노심초사하며 몇 달을 긴장된 상태로 지냈기 때문이다. 유니폼 납품과 함께 전국대회를 소집해 새로운 비전 선포식과 유니폼 발표 자리까지 이어졌고 한복 유니폼에 대한 반응은 뜨거웠다. 독특한 디자인에 기존 경쟁사들과 차별화된 모습에 새로운 변신이 기대된다는 업계 평이 이어지며 모든 것이 순조롭게 마무리되었다.

이 에피소드를 책으로 써야 할지 고민이 많았다. 치명적인 실수담을 굳이 써서 드러내야 하나 싶기도 했다. 창피한 이야기를 책에 박제하는 것 같아 몇 번이나 고민했지만, 멋있어 보이는 결과 뒤에는 수많은 헛발과 눈물의 시행착오가 담겨 있다는 것을 말해주고 싶었다. 완벽한 사람은 없으며 누구나 실수하고, 그것으로 인해 성장한다는 걸 전하고 싶었다. 겉보기에는 유수 기업에 유니폼을 납품했던 것만 보이지, 그 내막에 얼굴이 창백해지도록 아찔한 사고와 손해 경험이 있을 줄 누가 상상이나 하겠는가. 제조는 다양한 경우의 수를 알고 미리 체크하여 리스크를 없애는 것이 실력이라는 것을 일을 할수록 깨닫는다. 소싯적 철없을 적에 상대방의 결과물을 보고 '간단하네', '나도 하겠네'라는 말을 한 적도 있었는데, 오만이었다는 걸 깨달았다. 눈에 보이는 간단한 창작물 하나에도 보이지 않는 수십 가지 노력이 있다는 것을 이제는 안다. 실수가 없는 사람은 없다. 다만 실수했다고 드러내지 않을 뿐이다. 혹시 오늘도 타인의 하이라이트를 보고 나 스스로 자책하고 비관하진 않았나? 이제는 그런 생각하지 말자. 다들 안 그런 척하는 거지 남들도 나와 비슷하다.

도용에 대응하는 현명한 방법

중요하지 않은 것에 감정과 시간을 쏟지 말라.
그 시간에 그보다 더 중요한 일을 하라.

창업을 해보면 생각지 못한 다양한 문제가 발생한다. 아빠가 왜 '장사꾼 똥은 개도 안 먹는다.'라는 말을 자주 했는지 창업을 한 뒤에야 알았다. 사람을 대하는 일이 쉽지 않기도 하고, 상식 밖 일이 일어나는 것도 다반사기 때문이다.

홈페이지에 온라인 홍보를 해주겠다며 몇백만 원을 받고 잠적한 사기꾼 회사, 분명 보낸 옷을 못 받았다고 다시 보내라는 고객(나중에 어렵게 택배 수령 CCTV를 확보하였음을 이야기하니 본인이 착각했다며 다시는 전화가 없었다), 주말 행사에 다녀온 입은 흔적이 역력한 옷을 포장만 뜯어봤다며 월요일날 반품하는 고객, 납품 일자를 몇 차례에 걸쳐 약속하고 확인을 했음에도 불구하고 나 몰라라 하는 공장 등 셀 수도 없이 많은 일이 있다.

처음 이런 일들을 겪으면 씩씩대며 열을 식히지 못해 몇 날 며칠을 그 문제에 빠지곤 했다. '왜 나에게 이런 문제가 생겼지?' 라며 문제 해결보다는 상황을 더 비관하는 데 집중했다. 심할 때는 스트레스로 잠을 못 자 몸에 피로가 쌓이고, 일에 집중하지 못해 큰 손해를 보기도 했다. 억울하고 답답한 일을 당하면 '눈에는 눈 이에는 이'로 맞대응해서 상대도 곤욕을 당하게 하는 게 정의라고 생각했는데 그런 생각을 크게 바꾸어준 사건이 있었다.

몇 해 전, 리슬 런칭 후 얼마 지나지 않아 한 제보를 받았다. 우리나라의 지마켓과 같은 중국 타오바오라는 대형 오픈마켓에서 리슬 제품과 똑같은 저고리 치마를 판다는 제보였다. 놀란 마음에 제공받은 링크를 타고 들어가 보았다. 단추로 여닫을 수 있는 민트색 체크무늬 저고리와 치마였다. 미인도 시리즈의 바리에이션variation 버전으로 시즌마다 색과 무늬를 바꾸어가며 매년 선보이는 리슬의 시그니처가 된 디자인이었다. 색상과 무늬, 원피스 형태 치마까지 똑같은 옷이 판매되고 있었다. 만에 하나지만 정말 우연히 아이디어가 겹쳐서 비슷한 디자인이 나오기도 하고, 체크 원단이라는 것은 옷 만드는 기술을 가진 사람이라면 누구나 시도 가능한 것이기에 도용이다, 표절이다라는 말을 꺼내는 건 조심스러웠다.

그런데 스크롤을 내리다가 익숙한 사진이 발견되었다. 리슬의 제품 사진이었다. 상품 설명 페이지 내에 버젓이 리슬 제품 사진이 끼워져 있었다. 심증이 물증으로 바뀌는 순간이었다. 그 길로 영문으로 된 메시지를 판매자에게 보냈다. '우리 회사의 사진을 도용하지 말아달라. 당신은 초상권과 저작권 침해를 하고 있다.' 디자인에 대해서도 문제를 제기하고 싶었지만, 디자인권을 가지고 있지 않았기에 문제를 제기할 수 없었다. 쉽게 말해서 체크무늬로 된 저고리는 나만 만들 수 있다는 권리를 가진 게 아니었다. 판매자는 우리 사진을 지워주었지만 체크무늬 저고리는 여전히 판매를 이어갔다. '디자이너가 자기 디자인을 지키려면 법도 잘 알아야 하는구나.'라는 생각이 들어 이때부터 지적재산권에 대한 공부를 독학으로 해나갔다.

사실 디자인 출원 관련 공부를 시작하게 된 건 화가 나서였다. 남몰래 도용당했을 때 '뜨거운 맛'을 보여주고 속 시원히 권리를 되찾고 싶어서였다. 말로만 듣던 일을 직접 몸으로 겪자 억울함에 몸이 부들거릴 지경이었다. 독기 가득 오른 뱀처럼 '나를 건들면 어떻게 되는지 보여주지, 법대로 해보자.'라는 생각에 소송 등을 떠올리기도 했다. 하지만 법이 만능은 아니었다.

상대방이 만약 나와 비슷한 창작물을 만들었고, 그것을 문제 삼으려면 내가 먼저 '디자인 등록'을 해야 한다. 내가 만든 것이며, 최초로 만들었다는 권리가 있어야 문제를 제기할 수 있다. 디자인 등록이 안 된 상태라면 '내가 먼저 한 것'이어도 남에게 만들 수 없다는 요구조차 할 수 없는 것이다. 게다가 이미 사전에 공개된 디자인이나 유사한 디자인이 존재한다면 디자인 등록은 할 수 없다. 또 해당 분야에 통상의 지식을 가진 사람이라면 누구나 알고 있는 조합이나 형상으로 쉽게 창작할 수 있는 것은 창작성이 없다고 여겨져 보호받을 수 없다. 즉, 오래전부터 내려오던 전통 형상 그대로의 저고리는 통상의 지식을 가진 사람이라면 누구나 제작 가능하므로 디자인 등록을 받기 어렵다. 일반적인 형상의 저고리를 누군가의 지식재산으로 인정해준다면 저고리에 대한 독점을 허용해주는 꼴이 되는 것이기 때문이다.

| 리슬의 PK원피스(왼) / 베트남 디자이너가 도용한 유사품(오)

디자인 등록만 하면 모방하는 사람들을 다 문제 삼아 사태를 바로 해결할 수 있을 것으로 생각했지만 현실은 그렇지 않았다. 디자인은 등록이 가능한 것, 그렇지 않은 것으로 나뉘어 있다. 또 등록 비용도 만만치 않았기에 모든 디자인을 등록할 수 없다. 심지어 국내 출원은 국내에서만 보호받는 것이라서 해외에서의

도용을 막으려면 국제 출원을 해야 한다. 어떤 나라에 대해 보호를 걸 건지 정해야 한다. 국가 1곳당 등록 비용이 따로 계산되기 때문에 전 세계를 대상으로 등록하려면 수천만 원 비용이 필요했다. 내가 디자인 권리를 가지고 있고 그것을 상대가 도용했다 하더라도 문제가 된다. 실제 상대가 나의 권리를 침해한 것이 맞는지를 살피는 디자인 침해 소송을 걸고, 그 소송에서 이겨야 손해 배상 등을 받을 수 있는데 소송은 최소 6개월에서 1년 이상 걸린다. 소송 과정에서 수백에서 천만 원 가까운 비용이 들기도 하고 법정을 오가느라 스트레스까지 받게 되니 결코 이겨도 이긴 싸움이라 볼 수 없다. 법정에 선다는 건 원고든 피고든 유쾌한 일이 아니다.

법이면 다 될 줄 알았던 생각은 완전히 사라졌다. '어휴, 법으로 다 해결되는 건 아니구나. 1년 내내 싸울 시간에 좋은 디자인을 연구하는 게 낫지.' 법은 최후통첩으로 활용해야지 여차하면 꺼내 드는 카드가 아니라는 것을 깨닫고 좋은 디자인 개발에 더욱 신경 써야겠다는 마음가짐으로 바뀌었다.

그 후 2년 뒤 한 제보를 받았다. 베트남 한 디자이너가 우리의 PK 한복 원피스를 모방했다는 거다. SNS를 통해 확인한 디자인은 우리 제품과 거의 동일했다. PK 한복 원피스는 한복에 잘 쓰지 않는 다이마루 소재•를 적용했다는 게 특이점이었는데 소

• 원단은 크게 다이마루, 우븐으로 나뉜다. 흔히 티셔츠 만드는 환편 니트 재질을 통칭하여 다이마루라고 부른다. 면, 마, 견, 모, 폴리에스터는 우븐 소재다. 한복은 대부분 우븐 소재로 제작된다.

좋아요 22개

Riseul Dress 420.000

Lấy ý tưởng của những mẫu hanbok truyền
thống lẫn cách tân. Riseul Dress là mang
phong cách năng động trẻ trung, giúp các
bạn gái tự tin khi đi học, đi chơi và đi làm.
Có 5 màu: xanh navy, đỏ đô, xanh rêu, hồng
pastel, trắng. Chất liệu dày dặn nhưng mặc
không nóng, nên các nàng tha hồ tham gia

| 베트남의 한 디자이너가 SNS를 통해 제작 판매 중인 리슬과 유사한 원피스.
제품명은 'Riseul Dress'로 한국의 한복을 현대적으로 재해석한 디자인이라고 소개하고 있다.

재며 전체적인 형상, 단추의 달린 모양, 허리띠, 소매 끝에 달린
립까지 모든 것이 동일했다. 무릎까지 내려오는 길이에 한복의
깃과 동정을 달아낸 모양, 색깔까지 똑같았다. 모델의 얼굴 사진
을 가리고 사진을 섞어두면 두 제품을 구분하기 어려울 지경이었
다. 심지어 제품 이름까지 "Riseul dress(뤼슬 드레스)"였다. 한복
을 현대적으로 재해석한 디자인이라는 소개 문구도 담겨 있었다.
몇 달 뒤에는 인도네시아에서 우리 제품을 따라 만들었다는 제보
도 이어졌다. 중국에 이어 베트남, 인도네시아까지 곳곳에서 모
방품이 나타났다. 이번엔 전혀 화가 나지 않았다. '한복이 이렇게
핫했나?' 하는 생각에 오히려 긍정적인 신호로 느껴졌다. 리슬
디자인을 따라 한 곳들은 모두 한류 팬덤이 많은 국가였다. '베트
남에서 한복을 만들고, 인도네시아에서 한복을 만든다는 건 그만

큼 한복에 관심과 수요가 있기 때문 아닐까?'라고 생각하니 오히려 기분이 좋아지기까지 했다. 한복의 위상이 올라간 것만 같았고, 따라 입고 싶은 패션이 되었다는 생각에 어깨가 으쓱했다. 문제의 브랜드들에게 따로 연락을 취하거나 판매중단을 종용하지 않았다.

내가 가장 좋아하는 옷은 바로 '소창의 맥시코트'라는 외투다. 이 옷을 좋아하는 이유는 도용당했던 사연이 있는 옷이기도 하고, 동시에 매출을 크게 견인해준 인기 상품이기 때문이다. 한복 외투 하면 으레 두루마기를 떠올리는데, 한복 외투가 다양하다는 사실을 알리고 싶었다. 조선 시대를 대표하는 포 중에 '소창의'라는 옷을 알릴 목적으로 디자인한 게 바로 이 옷이다. 소창의는 도포와는 달리 소매가 좁아서 활동성을 갖추고 있고 옆이 트여 바람에 자락이 날리는 매력 포인트가 있다. 좁은 소매에 트임이 있는 긴 자락의 외투를 보니 소재만 현대적으로 바꾼다면 영락없는 한국식 코트였다. 한복은 겨울에 추울 거라는 편견이 있는데 치마, 저고리만 보아온 탓이다. 겨울에 셔츠와 바지만 입고 나가는 사람은 없듯이 겨울엔 외투를 입어서 보온을 하면 되는데, 한복 외투는 자주 보는 아이템이 아니다 보니 이런 오해가 생긴 것이다. 겨울에도 입을 수 있도록 검은색 울 소재를 활용해서 정강이까지 내려오는 긴 길이로 제작했다. 멀리서 언뜻 보면 단정한 검정 코트인데, 가까이서 보면 깃과 허리띠와 트임이 있는 한복 디자인이다. 개인적으로도 마음에 들어 자주 입는 옷이다. 이런 매력이 잘 전달되었는지 온라인 커뮤니티에는 신선한 한복 코트라는 제목으로 회자되었다. 유명 스타가 우리 옷을 공항패션으로 입으면서 굉장한 속도로 알려지게 되었다. 네이버 실시간 검색어 급등에 오르는 영광을 얻기도 했다. '유명 럭셔리 브랜드 제품인 줄 알았다', '한복과 코트의 만남이 정말 절묘하다.' '옆트임 하나만으로도 한복의 멋이 느껴지는 신의 한 수다.' 등의 반응이 이어졌다.

이 디자인은 한국적 가치를 담은 문화 상품에 주어지는 문화체육관광부 장관명의의 우수문화상품으로 지정되기도 했다. 이런 점 때문에 리슬을 대표하는 10가지 디자인을 꼽으라면 이 제품을 빼놓지 않을 정도로 애정한다. 내가 애정하는 아이템이란 걸 알았던 걸까? 중국의 한 대형 오픈마켓에 모방 수준이 아니라 아예 사진 전체를 그대로 가져다가 판매하는 일까지 있었다. 이번에는 법적 절차를 밟았을까? 아니다. 정중히 메시지를 보내고는 다시 할 일에 집중할 뿐이었다.

우리 회사 직원들뿐 아니라 지인, 가족들은 왜 크게 대응하지 않느냐, 분노해야 하는 것 아니냐고 말한다. 가만히 있으면 가마니가 되는 것 아니냐고 화를 내기도 하지만 나는 그렇게 생각하지 않는다. 몰라서, 대응할 힘이 없어서가 아니라 대응할 가치가 없어서다. 스스로 오리지널리티를 가지지 못한 곳들은 3년을 못 넘기고 도태하는 걸 자주 목격했다. 실제 초창기 우리를 모방했던 곳들은 흔적도 없이 사라졌다. 리슬 런칭 이후 생활한복 유행을 타고 후발주자들이 많이 생겼지만, 지금은 절반 이상이 문을 닫은 상태다. 진정성 없이 모양만 흉내 낸 곳들은 오래가지 못한다. 따라쟁이들은 남이 무얼 만드는지 보고 나서야 뒤늦게 따라 만들다 보니 속도에서 밀릴 수밖에 없다. 스스로 창작하는 능력이 없으니 그럴 수밖에 없는 이치다. 따라쟁이들을 밀어내는 방법은 더 빨리 더 좋은 상품을 만들어내면 된다. 그런 대상을 향해 열 내고 에너지를 쏟는 것보단 묵묵히 내 갈 길을 가는 게 훨씬 현명한 일이다.

그렇게 바쁜데 인스타는 언제 하세요?

우리의 목표를 말하고, 그것을 이뤄가는 과정을 보여주는 것.
그것이 반복되었을 때 진정성이 전달된다.

오랜만에 만나는 지인도, 오늘 처음 만나는 고객도 대부분
내 근황을 알고 있다. 근황을 직접 꼬박꼬박 인스타그램^{instagram}과
페이스북^{facebook}*에 올리기 때문이다. 하루에 한 개는 꼭 올려야지
하는 생각으로 꾸준히 올린 지 3년쯤 되었는데, 팔로워 수가 많
지는 않지만 나는 그 덕을 톡톡히 보고 있다. 코로나로 3년간 오
프라인 행사를 하지 못하다가, 잠잠해진 분위기 이후 코엑스에
서 대면 판매 행사를 진행한 적이 있는데 우리 부스 안은 인산인
해였다. 4일간 행사에서 매출 1억이라는 성과를 내었다. 현장에
서 나와 반갑게 인사를 나눴던 고객들 대부분은 "인스타 잘 보고

* 저자 인스타그램 주소 @hanbok_leesle

있어요.", "인스타에서 보고 왔어요."라는 인사를 남길 정도였다. 인스타 글 하나만 올려도 수백 장 재고상품을 몇 시간 만에 털어낼 정도로 큰 효과를 보고 있다.

리슬 브랜드 명의로 된 공식 계정 외에 개인 계정이 따로 존재한다. 브랜드 계정 따로, 개인 계정 따로 운영하는 이유는 좀 더 리얼하고 생생한 이야기를 전하고 싶어서다. 리슬 브랜드 계정 역시 보통 브랜드 계정처럼 잘 찍은 예쁜 사진, 정갈하게 정리된 이미지만을 선별해서 올리다 보니 뭔지 모를 아쉬움을 느꼈다. 잘 편집된 이미지가 아니면 안 된다는 생각에 '진짜 스토리'가 있는 생동감 있는 사진은 버려지고 만다. 감각적이고 예쁜 사진은 아니지만, 옷이 탄생하는 보이지 않는 과정을 전하고 싶다는 생각에 개인 계정에서 한복과 작업 이야기를 올리기 시작했다. 공식 계정에서는 단정하게 완성된 제품을 보여주지만 개인 계정에서는 백스테이지 이야기를 전달한다. 옷 하나가 나오기까지의 과정, 원단을 찾으러 떠난 출장길, 지저분한 작업실 모습, 정신없이 낙서한 그림 하나하나를 올린다. 시간이 나면 날 때마다 댓글에 응답하며 소통하는데, 나는 이 과정을 매우 중요시 여긴다. 겉으로 보이는 모습은 '댓글을 주고받는 것'이지만 사실은 그들에게 리슬 디자인이 가진 생각과 가치를 전달하는 과정이기 때문이다.

처음부터 이런 식으로 글을 올릴 생각은 아니었다. 다른 인플루언서들처럼 예쁘고 멋진 이미지로 채워야겠다고 생각했는데, 쉽지 않았다. 내가 추구하는 라이프스타일이 '인스타용'과 거리가 멀었다. 일에 몰두할 때는 옷도 대충, 화장도 대충이다. 업로드를 위해 꾸며야 하는데 그러면 일주일에 겨우 한 개 올릴까 말까였다. 사진을 수백 장 찍고 나서도 예쁜 사진이 없어 몇 주를 흘려보내기도 했다. 고르고 골라 올린 사진에 좋아요 수가 낮고 댓글이 없으면 사진을 잘 찍지 못해서, 남들처럼 예쁘지 않아서라며 낙담하곤 했다. 팔로워를 몇만 명 보유한 계정들을 보며 박탈감을 느끼곤 했다.

그러다 어느 순간 '왜 내가 남들에게 예쁜 모습으로만 비치려고 노력하지? 내 모습 그대로 보여주면 되는데 말야.' 하며 완전히 내 스타일대로 해보기로 마음먹었다. 마음을 내려놓고 그냥 있는 모습 그대로라는 기준을 세웠더니 업로드 빈도가 확 올라가게 되었다. '화장을 안 해서 못 찍어.' '책상이 지저분해서 못 찍어.' '아직 완성이 안 된 거라서 못 찍어.' '그냥 낙서일 뿐이야 못 찍어.' 했던 것들도 가감 없이 막 찍어 올렸다. 소위 말하는 '갬성 사진'은 아니지만 어디서도 볼 수 없는 현장감이 생생히 전해지는 사진들이었다. 이 모습을 본 동생이 우려의 목소리를 내기도 했다. "언니, 너무 생으로 올리는 거 아냐? 그래도 어느 정도 좀 꾸며서 올리는 게 좋을 것 같은데…" 하지만 나는 생각이 달랐다. 꾸며야 한다는 생각이 드는 순간부터 어깨에 힘이 들어가고 속도가 더뎌지기 마련이다. 완벽한 한 방보다는 미숙한 시도 100번이 낫다고 생각한다. 이는 창업을 통해 얻은 지론이다. 디자인 작업

이야기를 SNS에 꾸준히 올리자 나와 비슷한 부류의 사람들이 인스타 친구로 채워지기 시작했다. 비록 하루에 두세 명 정도의 느린 증가세였지만, 진짜 친구를 만든다는 생각으로 초조해하지 않고 글을 올렸다. 다른 분야의 디자이너, 1인 기업을 운영하는 대표님, 의류학과 재학중인 학생 등 디자인과 창작이라는 주제로 비슷한 사람들이 친구로 맺어지면서 텅텅 비었던 댓글창에 활기가 돌며 서로 같은 공통분모로 소통이 이뤄지기 시작했다. 팔로우한 사람들은 관심사가 일치된 사람들이었기 때문에 디자이너의 작업 책상, 스케치, 원단이 골라지는 과정, 옷을 만들게 된 동기 등 내가 올린 글과 사진을 좋아했다.

SNS 마케팅의 중요성이 높아지고 영향력 있다는 것이 알려지면서 빠르게 팔로워를 늘리는 법 같은 것을 알려준다는 교육과 강의를 많이 보았다. 하지만 내가 느낀 점은 돈으로 팔로워를 모으거나 억지로 팔로워를 모으는 것은 아무 도움이 되지 않는다는 것이다. 단, 100명이라도 진성 팔로워를 만드는 것이 훨씬 유리하고 의미 있다. 팔로워가 많은 인플루언서의 요청으로 무상증정(협찬)을 한 적이 있다. 몇만 명이 넘는 팔로워 수치에 혹해서 큰 기대를 걸었는데, 반응은 시원찮았다. 그에 훨씬 못 미치는 팔로워를 가진 우리 계정에 올린 것보다 못한 수준이었다. 나중에 돈을 주고 유령계정을 구매해서 몸집이 커 보이도록 한 것이었다는 걸 알고 난 뒤로는 팔로워수에 연연하지 않는다. 진짜 우리 이야기에 관심이 있는 사람들을 느리지만 천천히, 따박따박 모으는

| 이동하는 시간이나 틈틈이 짬이 나면 SNS, 원고 등을 작업한다.

것 외에는 방법이 없다는 걸 깨달았다. 내가 깨친 세상의 이치는 빠르고 쉽게 돈을 버는 방법, 노력 없이 살을 빼는 방법, 연습하지 않고 고수가 되는 방법 같은 건 세상에 없다는 것이다.

콘텐츠는 내가 최소 1년간 꾸준히 올릴 수 있는 주제이면서 힘들이지 않고 올릴 수 있는 형태를 추천한다. 유튜브가 대세라는 말에 '나도 한번 해볼까' 하는 생각으로 편집프로그램 사고, 카메라 사고, 커버 디자인까지 공들여서 채널을 만들었다가 6개월도 안 돼서 그만둔 사람이 한둘이 아니다. 영상 하나를 찍고 편집하는 데 드는 품이 크기 때문에 지속성을 갖기가 어렵다. 물이 끓으려면 100도씨가 될 때까지 불을 지펴야 한다. 초반에 장작과 에너지를 다 쏟는 바람에 임계점을 넘지 못하고 대부분 얼마 못 가 그만두는 것이다. SNS는 화보 뺨치는 고퀄리티 사진, 높은 영상미보다 꾸준히 새로운 콘텐츠를 올리는 지속성과 내용이 훨씬 중요하다. 나는 눈을 좀 감은 것, 흐트러진 머리라도 상관없이 올린다. 얼굴이 잘 안 나왔다고 보정하고 고칠 생각을 하면 벌써 힘이 들어간다. 일하는 순간순간 틈틈이 사진으로 찍어두고 편집이 필요하면 간단한 글씨 정도만 기본 어플을 쓴다. 이동하는 기차나 버스, 식사를 기다리는 짬 시간에 찍어둔 사진 중 하나를 골라 글을 올리는데 내가 그날 만난 사람, 내가 간 장소, 내가 오늘 한 작업, 내가 오늘 누군가와 통화했던 주제, 불현듯 낙서하다 떠오른 생각 모든 게 나의 콘텐츠 소재로 쓰인다.

영국의 왕립 박물관이자 세계에서 제일 큰 장식미술관으로 꼽히는 '빅토리아 앨버트 박물관'에서 한류를 조명하는 전시에 리슬 작품이 초청받게 되었다. 콕 집어서 가수 카드KARD와 컬래버레이션했던 한복이 선택되었는데 그 배경엔 인스타그램이 있었다. 해당 컬래버레이션을 진행하면서 스케치 여러 개를 인스타그램에 올려 팬들에게 어떤 디자인이 가장 잘 어울릴지 묻는 투표를 진행했는데 전시를 기획한 학예사님께서는 이 작업이 인상 깊었다고 한다. 팬들과의 소통 과정을 통해 디자인을 완성해가는 과정이 매우 독특하고, 한류 문화 확산에는 팬덤 문화가 연결되어 있다는 것을 단편적으로 보여주는 사례로 이 작품을 선정하게 되었다고 했다. 그날 그려낸 많은 스케치 중 딱 10벌만을 골라야 하는 상황이라 어떤 것을 골라야 할지 몰라 올렸던 피드였다. 오히려 그런 자연스러운 공유가 팬들에게는 완성 결과를 더 기대하게 하는 효과를 가져오기도 했다. 억지로 꾸민 것이 아니라 자연스럽게 만들어지는 것은 뭔가 모를 끌리는 힘이 있는데, 나는 그것을 '오리지널리티'라고 부른다.

SNS에 개인의 생각과 가치를 꾸준히 올리면 퍼스널 브랜딩이 되고, 브랜드가 그렇게 되면 브랜딩이 된다. 브랜딩을 한마디로 '목표를 말하고 끊임없이 증명하는 것'이라고 정의한다. 리슬은 '한복을 글로벌 패션 브랜드로 만들겠다'라는 목표를 세웠고 이것을 증명해내는 과정을 사진으로 또는 영상으로 기록하고 남기는 중이다. 우리 목표가 이거야, 라고 말해도 사람들은 단번에 그것을 공감하거나 믿어주지 않는다. 소비자는 그 말이 진심인지, 포장된 환심인지 그 의도를 오랜 시간 지켜본다. 그 목표를 이루기 위해 어떤 행동을 하는지, 어떤 선택을 하는지, 무슨 프로젝트를 진행하는지 1년이고 5년이고 지켜보다가 말한 대로 행동하고 증명해 보이는 걸 보고 난 뒤 비로소 진정성을 느끼게 되는 것이다. 진정성은 마치 얇은 파이의 '겹' 같아서 10겹, 100겹을 겨우 쌓아야 그 두께가 눈에 보일 정도가 된다. 그러니 한두 번 행동하고, 한두 번 기록한 것으로 사람들이 왜 날 알아주지 않을까 초조해하지 말자. 묵묵히 한 길을 걷고 또 걷다 보면 무성히 잡초로 덮여 있던 숲길이 반듯하게 닦여진 길이 되어 있을 것이다.

한복을 구입할 때 알아두면 좋은 팁 세 가지

1. 한복을 저렴하게 사고 싶다면

중고거래 플랫폼, 한복 입기 동호인 카페에 '한복거래 게시판' 이용하기. 정말 깨끗하고 질 좋은 한복을 1~2만 원에 구매할 수 있다. 대신, 이런 기회는 매번 오는 것이 아니기 때문에 내가 관심 있는 한복 브랜드 이름을 알림으로 설정해두거나 게시판을 수시로 둘러보는 것을 추천한다. 중고거래는 교환 반품이 안 되므로 사이즈와 구성품을 꼭 확인해야 한다.

또 다른 방법은 한복 리폼. 전통한복은 운이 좋으면 무료나눔을 받을 수도 있고 부모님이나 조부모님 옷장에서 입지 않는 한복을 찾을 수도 있다. 전통한복 치마는 리폼해서 생활한복 치마로 바꿀 수도 있고 주름만 다시 잡으면 요즘 분위기를 충분히 낼 수 있다. 저고리는 소매를 좁게 바꾸거나 고름을 다시 달면 새 디자인이 된다. 리폼만 전문으로 해주는 곳이 있으니 업체를 활용하거나 내 손으로 직접 리폼해볼 수도 있다. 크라우드 펀딩을 이용해서 정가보다 저렴하게 주문을 받아 생산하는 방식도 선호되고 있으니 이것을 노리는 것도 방법!

2. 처음 한복을 구매한다면

처음부터 맞춤이나 주문제작을 하지 말고 기성복부터 시작하자. 기성 사이즈로 제작된 생활한복은 입어보고 어울리지 않으면 교환 반품이 가능하다. 하지만 주문 후 생산하는 곳들은 취소나 환불이 안 되는 곳들이 있으니 처음 구입하는 거라면 이런 곳은 피하는 게 좋다. 일반 옷도 다양하게 많이 입어봐야 나에게 어울리는 스타일을 찾을 수 있는 것처럼 한복도 한 번 입어보고 '나랑은 맞지 않아'라고 포기하기보다는 취향에 맞는 것을 찾는 게 중요하다. 이땐 오프라인 매장을 운영하는 생활한복 매장에 가서 입어보고 고르는 것도 좋은 방법이다. 많이 입어본다고 전혀 눈치주지 않으니 편한 마음으로 매장 매니저에게 추천도 받아보자.

3. 다양한 스타일의 한복을 원한다면

한복 브랜드가 너무 많아서 어느 브랜드로 시작해야 할지 고민된다. 브랜드 철학에 따라 디자인 특징, 주 소재, 사이즈 규격 등도 각각 다르다. 리슬은 '당장 입을 수 있는 한복'이라는 대중적인 스타일을 지향하고 있으며 20대 후반~30대 후반 여성 고객이 주 타겟이기 때문에 디자인 대부분이 무늬 없는 단정하고 깔끔한 베이직 스타일이다. 데이트나 여행, 아티스트를 위한 화려한 스타일도 있어서 필요에 따라 섞어서 연출할 수 있다. 실용성을 강조하기 때문에 구김이 적거나 기계 세탁이 가능한 폴리에스테르, 혼방, 기능성 소재 등을 주로 사용하고 있다. 여성복은 S, M, L(양장 44부터 77 사이즈)까지 생산하고 있고 남성복 라인이 있어 커플룩으로 입거나 박시하게 스트릿 무드로 표현할 수 있다.

어떤 한복 브랜드는 화려함을 강조한 크고 눈에 띄는 꽃이나 전체가 무늬로 덮인 디자인을 주로 선보인다. 옷장을 열어봐서 이런 무늬가 있는 의상이 꽤 있는 사람이라면 이곳과 잘 맞을 것이다. 그렇지 않다면 깔끔한 디자인을 전개하는 브랜드를 골라야 한다. 특유의 한복 원단을 사용해서 풍성한 실루엣을 표현하는 곳들도 있고 천연소재나 면 소재 중심으로 옷을 만드는 곳도 있다. 평소 다림질을 자주 못 하는 상황이라면 면이나 천연소재를 중심으로 하는 곳은 피하는 것이 좋다. 주요 고객이 40~50대인 브랜드들은 딱 맞는 핏보다는 가슴둘레나 허리 부분에 여유를 둔 사이즈로 생산한다. 그래서 똑같은 S 사이즈 저고리를 사도 부인복 브랜드 옷은 치수가 더 크다. 이런 식으로 색과 문양, 사이즈, 소재가 브랜드마다 다르므로 내 라이프스타일과 맞는 곳을 찾는 것이 중요하다.

찐 정신이란, 누가 봐도 저 사람 진심이구나 느껴질 정도의 깊은 애정을 쏟아 일하는 태도를 말한다.

내 분야에서 독보적인 존재가 되기 위해서 가장 먼저 해야 할 일은 나의 일을 진심으로 사랑하는 일이다. 사랑하면 몰입하게 되고 몰입하면 창의적인 생각이 떠오르게 된다.

4장

찐 정신

돈벌이 대상 이전에
사랑하는 대상으로

빈티지 원단을 재창조하다

가설을 세우고 실험을 통해
나도 좋아하고 고객도 좋아하는 공통 영역을 찾아내라.

창업 후 수업이 있는 날에는 "대학생 황이슬", 수업이 없을
때 "손짱 사장님"이 되는 이중생활이 시작되었다. 첫 창업 상호
인 손짱이라는 이름은 '손재주가 짱'이라는 뜻이다. 독특한 어감
도 좋았지만 최고를 뜻하는 '짱'이라는 말처럼 업계를 다 주름잡
을 수 있을 것만 같은 느낌이라서 선택한 이름이었다.

손짱의 주요 상품은 만화 『궁』을 모방한 발랄한 스타일의
퓨전 한복이었다. 어찌어찌 사업을 벌여놨으나 아직 아무것도 모
르는 애송이였다. '비록 지금은 흉내 낸 디자인이 전부지만 실력
을 쌓아서 언젠가 나만의 한복을 만들고야 말 거야.' 그런 마음으
로 마음먹고 본격적으로 한복을 공부했다. 흉내 낸 디자인으로는
오래갈 수 없을 뿐더러 스스로 부끄러웠다. 그때 공부 스승이 되

어준 건 도서관 책들이다. 학업을 병행하며 공강 시간마다 학교 도서관에서 한복 도록, 한국 복식 관련 책을 보는 게 나의 일과였다. 치마, 저고리만 있는 줄 알았더니 원삼, 도포, 두루마기 등 다양한 한복 종류가 있다는 것을 알 때마다 얼마나 짜릿하던지. 이제 막 걷기 시작한 아기가 매일 새로운 세계를 마주하며 신기해하듯 한복의 세계는 알면 알수록 신기하고 재미있었다.

한복을 독학으로 공부하다 보니 다양한 영감이 솟아올랐다. 나만의 한복 디자인을 만들어보고 싶은 도전욕이 일었다. 문제는 돈이었다. 한복 옷감은 값이 나가는 재료였기 때문에 창업 1년 차 시원찮은 매출을 가진 내가 사기에는 부담이었다. 대학교 1학년이라 모아둔 돈도 없었다. 연습용 옷감조차 구할 돈이 없어 어째야 할지 모르던 그때, 엄청난 제안을 받게 되었다. 부모님 지인의 지인 중에 한복점을 하다 폐업하려는 분이 계시는데 한복 원단을 떨이로 판매할 테니 사 가지 않겠느냐는 제안을 받은 것이다. 한복 원단은 한 롤에 십만 원이 넘는 고가다. 한 번 사려면 손을 덜덜 떨며 살까 말까 고민을 수십 번 해야 하는 존재였다. 그런 내게 한복 원단 처분이라는 기가 막힌 기회가 온 것이다.

아빠와 함께 그곳으로 달려갔다. 사장님은 이미 가게 정리를 끝마치고 원단들을 창고 한 켠에 쌓아둔 상태였다. 창고 문을 열자 조금은 쾨쾨한 냄새가 났다. 5평 정도 되는 공간에 한복 원단이 가득 차 있었다. 요즘 나온 새로운 원단들은 없고 아주 오래 묵은 빈티지 원단들이 대부분이었다. 족히 200~300개 롤은 되어

보였다. 비록 오래되긴 했어도 폭이 좁은 것, 넓은 것, 무늬가 있는 것, 없는 것, 색깔도 다양했다. 사장님께서는 이거 다 가져가고 100만 원만 달라고 하셨다. '이걸 전부 다 해서 백만 원? 잘만 고르면 괜찮겠는데? 새 걸로 사려면 열 개만 사도 백만 원인데. 이게 몇 개야.' 부모님의 재정적 지원을 받아 100만 원으로 거래를 진행했다. 몇 년을 쓸 원단을 확보한 것이다. 진흙 속에 진주를 찾듯 골라내기 시작했다. 너무 오래돼서 바래거나 도저히 쓸 수 없는 상태의 것은 두고 활용할 만한 것들만 추려 차에 가득 싣고 돌아왔다. 집에 쌓인 원단은 보기만 해도 배가 부를 정도였다.

| 폐업하는 한복집 사장님께 100만 원을 주고 산 빈티지 원단들.
  당장 옷을 만들어도 될 만큼 상태가 좋은 원단들도 보인다.

그렇게 구해온 빈티지 원단은 내 손에서 재창조되었다. 옛날 원단은 한 벌로 옷을 만들 수 있도록 한 롤을 풀면 저고리 1장 만들 분량, 치마 1장 만들 분량이 엮여 있었다. 그렇게 세트로 1벌을 만들라는 공식 같은 것이었다. 과감히 그걸 분리해내고 내 식대로 새롭게 조합했다. 원단마다 저고리 고름용, 깃용으로 쓰도록 자수가 위치에 맞게 놓여 있는데 그것 역시 조각조각 잘라 내 멋대로 배치했다. 깃에 쓰라는 자수는 가슴으로 배치하고 서로 다른 무늬를 가진 원단을 이어붙여 한복 드레스를 만들었다. 저고리를 입지 않고 입어도 화려한 느낌이 들도록 가슴 부분에 자수와 장식을 집중적으로 붙여서 만들어 치마 하나만 입어도 화려했다. 한복을 배운 적 없기에 한계나 고정관념 없이 오히려 파격적인 조합이 가능했던 것 같다. 문제는 빈티지 원단이라 판매하고 나면 똑같은 원단을 또 구할 수 없다는 점이다. 운이 좋아 원단이 넉넉한 것들은 2벌, 3벌 정도를 만들 수 있었다. 어쩔 수 없이 만들어진 옷은 '한정품'이 되었다. 오히려 이 점을 이용해서 세상에 하나밖에 없다는 점을 강조했다. 빈티지 원단을 조합해서 만들다 보니 자연스럽게 한정 상품이라는 마케팅 효과도 같이 얻게 된 셈이다.

　특히 내가 만든 드레스 스타일은 젊은 아이 엄마들에게 인기가 있었다. 스무 살 중순, 후반 정도 되는 나이대의 엄마들은 요즘 트렌드에도 민감하고, 세련된 스타일을 선호했다. 한복 같기도 하고, 서양식 드레스 같기도 한 손짱 스타일 한복은 딱 그들이 찾던 스타일이었다. 창업 후 1년간은 한복 판매에만 집중했다. 하나둘 재고 원단을 조합해서 한정 판매로만 진행했는데 1년쯤 지나자 우리 한복을 가족 행사나 예복으로 입고 싶으니 대여해 달라는 문의가 생기기 시작했다. "가족 결혼식에 입으려고 하는데 대여는 안 하시나요?", "사기는 부담스럽고, 행사용으로 입을 거라 1번만 입으면 되는데… 금액은 원하는 대로 드릴 테니 대여할 순 없을까요?" 처음 몇 번은 거절했다. 판매만 가능하다는 답변을 하다 보니 고객을 그냥 돌려보내기가 아깝다는 생각이 들었다. 고객 한 명 한 명이 아쉬운 상황이었다. 어차피 샘플 사진을 찍기 위해 1벌씩은 마네킹 사이즈로 옷을 만들어야 했다. '샘플이 있으니까 사이즈가 맞다고 하면 이걸 빌려주면 되지 않을까? 그럼 도대체 얼마에 빌려준다고 해야 하지?'

빌려주기로 마음을 먹고 보니 가격을 책정하는 것이 고민이었다. 고민 끝에 한 번 빌려 입는 건데 반값은 비싼 것 같고 반의 반값은 너무 낮은 듯해서 판매가의 1/3 정도로 정해보았다. 20만 원짜리 한복 드레스를 사이즈가 맞는 사람에 한해 7만 원 정도에 대여하기로 했다. 대여 서비스를 시작하자 이전보다 훨씬 많은 수요가 생겨났다. 디자인은 맘에 들었지만, 구매 후 소장해야 했기 때문에 포기했던 숨은 고객들이 나타난 것이다. 가격 측면에서 접근성이 해결되자 고객 폭이 확 늘어났다. 그 이후 "돌잔치 때 입으려고 하는데, 아이 옷은 없나요? 엄마 옷이랑 똑같이 만들어주실 순 없나요?", "남편 옷도 세트로 커플처럼 만들어주시면 안 될까요?"와 같은 글들이 올라왔다. 똑같은 옷을 차려입는 커플룩처럼 한복을 세트로 맞춰서 입고 싶다는 것이다. 창업 1년 차쯤 얻은 신기한 인사이트가 있다. 고객과 대화를 하다 보면 여러 사람이 비슷한 요청이나 비슷한 의견을 여러 차례 걸쳐서 내는 경우가 있는데, 그걸 캐치해서 상품화하면 못해도 '중박' 이상은 난다는 사실이다. 혼자 고민해서 낸 아이디어보다 고객들의 아이디어를 반영해서 서비스로 개선하고 상품으로 만들면 반응이 좋은 경우가 많았다. 이번에도 한번 해보자 하는 마음으로 돌복 서비스를 준비했다. 고객의 작은 목소리를 서비스에 반영하고, 요청하는 것들은 빠르게 상품으로 만들어주는 게 초창기 손짱의 행동방침이었다.

고객들의 요청으로 가족 돌복세트가 탄생했다. 성인 여자

창업 초창기 시절, 고객의 요청에 따라 제작한 가족돌복세트, 세상에 유일한 빈티지 원단으로 제작해 대여만 가능했다.

한복과 똑같이 사이즈만 축소해서 돌쟁이 여아 옷을 만들었다. 남자 옷은 여자 한복에 쓰인 동일한 옷감을 사용해서 디자인은 달라도 세트처럼 보이게 디자인했다. 한복에 꼭 있어야 할 가방, 신발, 속치마 등 필요한 일체의 소품도 함께 빌려주었는데, 그야말로 고객들의 만족도는 폭발적이었다. 육아 노하우를 서로 공유하고 유대감 있는 엄마들 커뮤니티를 중심으로 빠르게 소문이 퍼져갔다. 한 고객이 돌잔치 후기를 육아카페에 공유했는데 '사진 속 한복은 어디 거냐. 정보 좀 달라'고 댓글이 빠르게 달렸다. 이후 전화문의, 게시판 문의가 눈에 띄게 많아졌다. 이전까지는 평균 하루에 한두 건 정도였다면, 돌복대여를 시작한 이후 하루 네

다섯 건 넘는 문의가 이어졌다.

유행이 지나 사용할 수 없다고 생각한 빈티지 원단을 재창조한 손짱 한복은 어디서도 볼 수 없는 독보적인 스타일이 되었다. 한 벌 위아래 짝을 맞춰 쓰라는 공식을 무시한 컬러 배치는 오히려 색다르다는 평을 받았고 평범했던 민무늬 원단에 다른 빈티지 원단의 자수를 이어붙인 한복 치마는 비싼 자수에 조각보 효과까지 구현한 고급디자인이라며 인기 만점이었다. 재창조한 한복이 모두 대박을 터트리는 것은 아니었다. 열 가지를 만들면 아홉 가지는 반응이 그냥 그랬고 그중 한두 가지가 인기가 좋았다. 작더라도 반응이 있는 디자인은 '왜 이 디자인을 사람들이 좋아했을까? 색깔 조합 때문인가? 자수의 위치 때문인가? 아님, 원단을 여러 겹 겹치는 스타일을 좋아하는 걸까?'와 같은 식으로 고민한 뒤 다음 재창조할 때 비슷하게 조합해서 내놓고 검증을 해나갔다. 사람들이 좋아하는 디자인에는 이유가 있을 거라는 가설을 세우고 실험한 것이다. 실험해보고 가설이 맞는지 확인하고, 틀리면 다른 방식을 다시 시도했고, 맞는다면 비슷하게 버전을 만들어서 반복했다. 비록 디자인을 전공으로 배운 것은 아니었지만, 초창기 댓글, 후기, 전화 속 상담 대화 등 작은 단어 하나, 문장 하나가 나만의 스타일을 찾아가는 방법이었던 것이다.

해외에서 난리 난 한복 드레스

한계를 두지 말라.
상상하는 크기가 내 실현의 크기다.

창업 3년 차 손짱의 매출을 견인시켜준 것은 해외 유학생들이었다. 한국이 아닌 외국에서 오히려 인기 있는 한복이라니. 처음부터 해외에 수요가 있을 거라 의도하고 진출한 것은 아니었는데 한 고객으로부터 받은 우연한 요청에 발견한 신시장이었다.

기질적으로 나는 소비자들과 소통하는 것을 즐긴다. 소비자와 대화하다 보면 좋은 아이디어나 개선점을 얻을 수 있기 때문이다. 작은 것이라도 요청 사항이 들어오면 들어주거나 시도하기 위해 노력한다. 한 번은 April Choe(에이프릴 초)라는 영어 이름을 쓰는 고객이 본인은 미국에서 공부하고 있는 유학생인데 해외결제를 할 수 없느냐고 질문했다. 그전에 해외에서 결제할 수 없느냐는 질문을 두 번 정도 받은 뒤였다. 그때까지 손짱은 국내 고객을 대상으로 한 세일즈만 하고 있던 터라 해외 주문은 받아본 적이 없었다. '해외라고? 못 한다고 해야 하나? 배송은 어떻게 해야 하지? 돈은 어떻게 받지?' 문의를 받아놓고 우왕좌왕했다. 해외에서 쉽게 돈을 송금하고 보내는 방법만 있다면 외국인들도 한복을 주문할 수 있게 된다는 생각에 반드시 답을 찾고 싶었다. 해외 결제에 대한 답변을 두고 한참을 생각하다 고객에게 고민을 털어놓았다. 현지 유학생이라면 방법을 알고 있을 수도 있다는 생각 때문이었다. "안녕하세요, 손짱입니다. 현재 저희는 해외 계좌 송금 방식만 받고 있습니다. 하지만 좀 더 빠르고 쉽게 할 수 있는 해외결제 수단이 있다면 알려주실 수 있을까요? 도움을 주신다면 제가 잘 모르지만 시도해보겠습니다." 궁하면 통한다고 했던가. 상대는 크게 기뻐하며 페이팔Paypal이라는 결제법이 있는데 자기가 절차를 도와주겠다고 했다. 온라인에서 인터넷 뱅킹 하듯이 돈을 가상계좌로 보내는 플랫폼으로 해외 유학생들에게는 잘 알려진 시스템이라 한국에서 돈을 받거나 해외 현지에서도 이 수단으로 물건을 자주 산다고 했다. 그야말로 신세계였다. 온라인으로 쉽게 외화 거래가 된다는 것도 신기했고, 사장이 고객에게 물어가며 오히려 돈 받는 법을 배우고 있는 이 현실도 웃기고 신기했다. '세상에 이런 웃긴 가게가 있을까. 서비스를 받아야 할 손님한테 서비스를 받고 있는 꼴이라니.'

결국 에이프릴 씨의 도움으로 페이팔 가입과 결제에 성공했다. 처음으로 해외로 한복을 보낼 수 있게 된 것이다. 엉킨 매듭의 첫 부분을 잘 풀어내니 뒤 매듭들도 어렵지 않게 술술 풀어졌다. 해외 택배 보내는 법은 간단했다. 국내 택배 싸듯 박스에 물건을 담은 뒤 우체국에 가서 영문 주소를 기입하고 전해주면 되는 간단한 것이었다. '와, 이렇게 간단하다고? 진짜 이거 안전하게 미국으로 가는 것 맞겠지?' 두려움과 기대감 속에 물건을 보내었고 일주일쯤 지나 에이프릴 씨의 연락이 왔다. "너무나 완벽하고 아름다운 한복!"이라며 찬사를 보내주었다.

해외로 한복을 보낼 수 있는 길이 생기자 가슴이 벅차올랐다. '내가 만든 한복이 미국으로 가다니. 완전 나보다 출세했네? 한복을 수출한 사람이 있을까? 나 말고 페이팔을 이용하는 한복집이 전국에 몇이나 되려나? 설마 이러다 나 때문에 한복 세계화가 이루어지는 거 아냐? 그렇게 되면 정말 대박나는 거 아냐!' 지금 당장 보낸 한복은 한 벌 뿐이었지만 수백 수천 벌을 보낸 것만큼이나 흥분되었다. 내가 만든 내 새끼 '한복'이 세계 곳곳에 휘날린다고 상상하니 가만히 있을 수 없었다. 손이 더욱 바빠졌다. 해외배송이 가능하다는 사실을 홈페이지 곳곳에 알리고 해외송금 가능 배너를 달았다. 얼마 안 가 해외 주문이 하나둘씩 생기기 시작했다. 해외에 보낸다고 해서 막연히 두려웠지만, 처음이 어려웠지 두 번, 세 번은 쉬웠다.

해외에서 들어온 주문 대부분은 유학생들의 프롬Prom 파티용 드레스였다. 미국, 호주, 뉴질랜드, 캐나다 등 국가도 다양했다. '프롬 때 입을 거예요', '프롬에 입을 한복 사려고요'라는 말을 처음 들었을 땐 이게 뭔 말인지 뭔 뜻인지 몰랐었다. '영단어 from 의 오타인가?'라고 생각했을 정도로 외국 문화에 무지했다. 나는 그때까지도 옆 나라 일본, 중국도 가본 적 없는 그야말로 순수 전 주 토박이였기 때문이다. 해외 드라마를 본 적도 없으니 프롬이 뭐고 거기에 한복이 왜 필요한지, 왜 자꾸 유학생들의 문의가 줄 을 잇는 것인지 이해하지 못했다. 외국 고등학교는 고3 졸업 때 프롬prom이라고 부르는 졸업 파티를 여는데, 여자는 드레스를 남 자는 턱시도를 입고 한 쌍의 파트너가 되어 댄스파티를 즐긴다고 한다. 프롬에 같이 갈 남자 파트너, 여자 파트너를 고3 신학기부 터 물색하고 미리 찜해놓을 정도고, 이날은 남자가 리무진을 빌 려 파트너가 된 여자의 집에 마중을 나갈 정도라고 한다. 여학생 들에게 있어 프롬은 고등학교 입학 때부터 손꼽아 기다리는 고등 학교 시절의 꽃이라고 들었다. 이 정도로 모두가 기대하는 파티 의 핵심은 바로 '드레스'일 수밖에. 남들보다 예뻐 보이는 특별한 드레스를 입고 싶은 건 당연지사다. 어떤 학교는 홈페이지에 자 신이 구매한 드레스 사진을 올려두어 서로 디자인이 겹치지 않도 록 할 정도라고 한다. 누가 어떤 드레스를 입느냐 눈치싸움을 피 하기 위해서인 것이다. 그런 배경을 알고 나니 왜 유학생들이 굳 이 해외에서 3만 원이 넘는 배송비를 들여가며 한복을 공수해 입 는 것인지 알 듯 알 수 없던 궁금증이 풀렸다. 한국에서는 돌잔치 대여복 외에 다른 판로가 없어 시장확대를 고민하던 내게 해외 파티용 드레스는 너무나 절묘한 마켓이었다.

| 유학생들 사이에서 인기 높았던 '연꽃' 드레스

    한인 유학생 커뮤니티를 중심으로 손짱의 한복 드레스가 입소문으로 퍼지기 시작했다. "다른 학교 친구가 입은 걸 봤는데…", "작년 프롬에 손짱에서 한복을 구매했던 1년 선배가 소개해줬는데…"라며 앳된 여학생들이 찾아왔다. 유학생들 사이에서 인기가 높았던 디자인은 '연꽃'이라는 한복 드레스다. 단아한 연분홍빛 치마가 돋보이는 옷이다. 분홍색은 누구에게나 호감을 주는 색으로 대중성이 높았다. 파스텔톤 분홍빛 치마는 여리여리하고 청순하고 부드러운 이미지를 원하는 여학생들에게 안성맞춤이었다. 이름이 연꽃인 것은 연꽃의 꽃잎 모양에서 형상을 땄기 때문인데 연분홍 치마 위에 둥근 곡선의 꽃잎 자락 같은 흰색의

주아사(얇고 투명하여 비침이 있는 전통한복 소재)를 겹쳐 모양을 낸 디자인이다. 비침이 있는 소재를 여러 번 겹쳐서 만든 실루엣이다 보니 A자 모양으로 치마가 은은하게 퍼지면서 부드러운 색감이 완성되었다. 부드러운 가슴 탑 부분은 꽃이 연상되도록 둥글게 모양을 파서 하트로 만들었다. 자수나 금박과 같은 장식하나 없는 단출한 디자인에 포인트를 주기 위해 분홍색과 대비되는 검정 자수가 놓인 노리개를 달아 연출했는데, 사진에 연출된 노리개와 똑같은 것을 달라는 주문이 항상 이어졌다. 겹겹이 겹쳐진 한복 옷감의 재질감 때문인지 그 색감이 오묘하고도 깊었고, 겉 꽃잎 자락처럼 내려온 치마를 묶어서 모양을 내면 항아리 같은 실루엣이 생겨나 아름다웠다. 한복 드레스 자체가 아름다워서 인기가 있었겠지만, 사실은 '한복이었기 때문에' 사랑받았을 것이다.

유학생들은 하나같이 이렇게 말했다. "여러 국가에서 온 친구들과 함께 있으면 자연스럽게 너는 어디에서 왔어, 하면서 한국의 문화를 나누게 되더라고요. 가장 소중한 졸업 파티 때 내가 한국인이라는 걸 알리고 싶기도 하고 한국 문화도 보여주고 싶었는데 손짱의 한복 드레스가 딱이었어요." 해외에 나가면 모두가 애국자가 된다는 말이 있지 않은가. 타국에서 외롭게 공부했을 학생들이 한국의 아름다움을 파티에서 보여주고 싶었다는 말이 어찌나 감사하고 또 멋지던지. 그 말을 듣고 난 뒤로는 더 심혈을 기울여 한복을 만들어주었다. 전 남친 결혼식에 참석하는 여자를 스타일링해주는 미용실 원장님의 마음이랄까. 이건 누구보다도 돋보이고 멋져야 했다. 서양 드레스 대신 과감히 한복을 택한 그녀들을 파티의 퀸으로 만들어주고 싶었다.

| 해외 한국 유학생들 사이에서 프롬 파티용으로 인기가 높았던 한복 드레스

조금 복잡한 주문이 들어와도 요청한 것들을 거의 다 해결해주었다. 똑같은 원단으로 남자 파트너의 넥타이를 만들어달라는 요청부터, 머리에 꽂을 수 있는 비녀나 핀을 구해달라는 요청, 키가 작으니 굽을 한껏 높여 하이힐 스타일로 꽃신을 만들어달라는 요청까지. 심지어 어떤 고객은 노트에 본인이 꿈꾸는 한복 드레스를 그려주었는데, 낙서에 가까운 스케치 한 장도 거의 똑같이 실물로 구현해주었다. 상상했던 그 모습 그대로라며 완성된

한복 드레스를 받은 고객은 엄지 척을 날려주었다. 유학생 고객들은 나이 차가 얼마 나지 않는 젊은 언니가 운영하는 한복집이라 말이 잘 통한다며 좋아했고, 특이하거나 없는 걸 주문해도 말만 하면 안 되는 게 없어 진짜 손짱 같다며 열혈 팬이 되어주었다. 어떤 부모님은 "도대체 여기가 어딘데, 우리 애가 여기서 꼭 한복을 맞춰야 한다고 난리를 부려요? 서울에 유명한 한복집도 내가 많이 알고 있는데…"라며 따지듯 전화를 걸어오기도 했다. 그 부모님은 전주까지 찾아와서 한복 드레스를 눈으로 보고 만져보고 직접 입어보고 난 뒤 태도가 완전히 바뀌었다. "왜 우리 딸이 꼭 여기서 해야 한다고 한지 알겠네요. 잘 만들어주세요." 이런 인사를 받을 때면 인정받았다는 생각에 일할 맛이 났다.

| 해외 고객들이 보내온 드레스 착용 후기

프롬 파티를 끝내고 난 뒤 보내온 후기 사진을 보는 건 일상의 낙이었다. 서양식 드레스들 사이로 우아하게 자리 잡고 있는 한복 드레스를 입은 모습. 학예회에 많은 아이 속에서도 내 아이를 1초 만에 찾을 수 있다더니, 내 눈에는 내 한복을 입은 고객들만 보였다. 서양 드레스도 멋졌지만, 한복 드레스는 더욱 빛났다. 한국적인 느낌과 동시에 현대적인 느낌도 들어서 파티 분위기에 잘 어울렸다. 어떤 고객은 한복 덕분에 '프롬 퀸'이 되었는데, 다들 이 옷이 도대체 뭐냐며 치마와 노리개를 만져봐도 되겠느냐는 말을 수십 번 들었다는 후문을 전했다. 우리에게 익숙한 한복이 서양에서는 본 적 없는 새로운 드레스로 입힐 수 있다는 가능성을 경험한 뒤 '한복은 한국에서만 입는 옷'이라는 생각에 갇혔던 나 자신이 틀렸음을 깨달았다.

한복을 살리자면서 왜 안 입어요?

내가 하는 일에 진심인가?
내 분야를 얼마나 사랑하고 있는가?

한복을 만들기 시작하면서 점점 일에 빠져들었다. 마치 새롭게 알아가는 이성을 만난 연애 초반 같았다. 그가 어떤 음식을 좋아하는지, 어떤 영화 장르를 보는지 하나하나 알아가는 것마냥 일 자체가 즐거움이고 재미였다. 공강 시간은 도서관에서 한복 책과 디자인 서적을 보는 데 시간을 썼고, 학교 끝나기가 무섭게 집으로 돌아와 컴퓨터 앞에서 쇼핑몰을 돌봤다. 동생들과 함께 쓰는 방에 공용 컴퓨터가 한 대 있었는데 그것이 나의 유일한 사무 물품이었다. 한복에 대해 알아가기 바빴던 나는 학과 동기들과 점점 다른 방향으로 걸어갔다. 수업 시간표는 의류학과 전공수업, 경영학과 마케팅 수업으로 채워졌고 개강 모임, 종강 모임, 친구들과의 방과 후 약속은 일절 참여하지 않고 집과 학교를 오고 갔다. 같은 수업을 듣는 친구가 거의 없었고 타과 수업을 듣다 보니 자연스럽게 밥도 혼자서 먹었다. 자발적 아싸*가 된 것이다. 학교에서는 한복 파는 독특한 학생으로 소문이 나기 시작했다. 산림자원학과와 연관 없는 일을 하는 것이 이색적이긴 했다. "자네는 한복 만들 거면 왜 산림자원학과를 온 겐가?"라는 교수님의 짓궂은 농담도 수차례 받았다. "그러게요. 어쩌다 보니 그렇게 됐어요. 하핫." 겸연쩍게 받아쳤다.

초창기 디자인은 만화 『궁』속에 나온 옷들을 거의 따라 하다시피 한 옷들이 대부분이었다. 디자인이라기보다는 보고 흉내 내는 수준의 것들이었지만, 『궁』 팬들을 중심으로 소소한 반응을 얻었다. 지금 당장은 복잡한 디자인이나 독창적인 디자인을 실현할 실력은 못 되지만 언젠간 남의 것을 흉내 내서 만드는 한복이 아닌 나만의 한복을 만들고 싶다는 생각도 들었다. 더 제대로 된 한복, 더 멋진 한복을 만들고 싶다는 욕심도 생겼다. 한복에 대한 애정은 자연스럽게 '더 입고 싶고' '더 알고 싶고' '더 공부하고 싶게' 만들었다. 내가 좋아하는 한복이 홀대당하는 것이 싫었고, 오명을 쓰고 잘못 알려질 때면 전문지식으로 '반박 불가'하게 입막음하고 싶었다. 한복에 대한 진심이 나를 한복 전문가로 이끈 원동력이었다.

그런데 때로 현업을 하다 보면 '정말 진심일까?'라는 생각이

---

* 아웃사이더(outsider)의 약자로 친구 무리와 어울리지 않고 혼자 지내는 사람을 이르는 신조어

드는, 이해되지 않는 일들을 겪는다. 한복 대중화를 위한 대규모 세미나에 젊은 한복인으로 초대되었던 어느 날이었다. 교수님, 한복 명인, 원단 생산자, 한복디자이너, 지원기관의 관계자 등 내로라하는 전문가 수백 명이 큰 대강당에 모이는 격식 있는 자리였다. 행사 시작 전 로비에는 전통한복을 입고 전통차와 다식을 내어주는 케이터링 서비스가 진행되고 있었다. 그 사이로 큰 한복 가방을 든 분들이 왔다 갔다 하는 것이 보였다. 이내 화장실로 가더니 다들 한복으로 갈아입고 나오는 것이다. 많은 사람이 사복에서 한복을 바꿔 착용한 상태로 세미나장으로 들어갔다.

세미나 주요 내용은 '어떻게 해야 한복이 대중화되는가?'와 관련된 방법들이었다. '국회의원, 시장님, 연예인들과 같은 영향력 있는 사람들이 자주 입어야 한다.' '한복 관련 지원정책이 많아져야 한다.', '한복을 입는 축제나 행사를 개최해야 한다'와 같은 발언이 이어졌다. 발언하는 분 중에는 정장을 입은 분들도 상당수였다. 행사가 끝난 뒤 화장실은 만원이었다. 행사가 끝나고 화장실에 가서 한복을 사복으로 갈아입다 보니 붐빈 것이다. 한복이 구겨질 수도 있고, 이동에 불편할 수 있으니 행사를 위해 잠깐 착용하고 벗는다는 점은 이해되었지만, 행사용 의상으로 잠깐 입고 벗어진다는 사실이 아쉬웠다. 세미나장에서는 한복의 우수함과 아름다움에 대해서 한껏 이야기하고 난 뒤였는데 그것과 무색하게 행사 직후엔 갈아 입혀지는 옷이 돼버리니 말이다. 우수하고 멋지지만 평소에는 안 입는 옷. 나는 그것이 한복이 가진 차

가운 현실이요 내가 풀어가야 할 문제라고 생각했다. '대중화를 멀리서 찾기보다 나 스스로 입는 것으로 시작하면 좋을 것 같은 데….' 이때부터 더 열심히, 최대한 더 빈번하게 한복을 입기 시작했다.

이런 일은 한두 번이 아니다. 한복 입기 활성화를 위한 토론회 자리에 십여 명의 배석자 중에 오로지 나 혼자 한복을 입고 간 적도 있다. 한복을 입게 하려면 어찌어찌해야 한다는 열띤 발언들이 가득했지만, 나는 그 토론회가 전혀 기억에 남지 않는다.

이런 일도 있었다. 모 지역에서 한복을 즐기는 문화축제를 준비하던 때였다. 행사 총괄자 역할로 나는 행정 관계자 분들 앞에서 전체 프로그램과 기획의도, 취지 등에 대해 설명했다. 브리핑을 마치고 질의응답을 이어갔는데, 높은 직급의 한 관계자로

| 한복 착용을 장려하기 위한 활동

부터 지적을 받았다. (그때 나는 생활한복을 입고 있었다.) "다 좋은데, 지금 입고 있는 한복 같은 것보다는 더 근본 있는 전통한복을 장려해서 전통이 중요하다는 걸 알려야지요." 나는 전통한복이든 생활한복이든 둘 다 가치 있고 전통을 살린다는 생각이고, 한복문화축제에 있어서 제일 중요한 것은 한복 종류와 관계없이 더 많은 시민이 전통한복을 입을 수 있게 하는 일이라고 여기고 있었다. "네, 다양한 한복을 알릴 수 있도록 최선의 노력을 다하겠습니다."라고 반박하지 않고 부드럽게 답하는 것으로 마무리했다. 문제는 그 관계자분께서 행사 당일 특설무대에 양장을 입고 올라 전통 가치에 대해 일장연설한 뒤 "전통한복 많이 입어주세요."라는 인사말을 남기고 내려갔다는 것이다. 나는 그날도 근본 없는 한복을 입었노라고 한 소리 들었다. 겉으로 말은 못 했지만, 마음속으로 외쳤다. '그래서 뭣이 중헌디? 뭣이 중허냐고!'

비단 한복 전문가, 정책관련자, 관련 일을 하는 사람들끼리의 문제일까. 오래전 거리에서 만난 한 어린 꼬마의 말이 나에게 큰 충격을 주었다. 열 마디 말보다 한 번 한복 입는 게 더 중요하다고 느낀 뒤로 매일 한복 입기를 시도한 초창기 무렵이었다. 길거리에서 엄마 손을 잡고 걸어가던 여섯 살쯤 보이는 꼬마 아이를 마주쳤다. "엄마, 저 언니는 왜 설날도 아닌데 한복을 입었어?"라고 말하는 게 아닌가. 아마 유치원에서 한복은 설날이나 추석에 입는 옷이라고 배운 모양이었다. 어려서부터 한복을 입을 일이 거의 없다 보니 성인이 되어서는 '행사용 의상' 정도로 인식

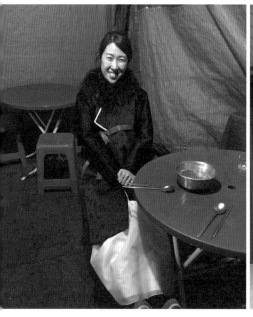

저자는 1년 360일 한복을 입고 생활한다.

하는 낯선 옷이 되어버린 게 아닐까. 십수 년간 입어본 적도 없는 옷을 어느 날 우리 옷이라고 입어보자고 하면 손이 가지 않는 게 당연하다.

이런 경험을 통해 마음먹게 되었다. 내가 먼저 한복 사랑을 보여주겠노라고. 그런 나를 보면서 사람들이 한복에 매력을 느끼도록 만들겠다고. 그래서 나는 1년에 360일을 한복을 입고 살고 있다. 이것이 내가 한복을 사랑하는 마음을 표현하는 가장 좋은 방법이다. 오늘은 일상복을 입은 것 같은데요? 라는 말을 들을 때도 있는데 일반 티셔츠에 한복 바지를 섞어 입거나 한복 치마 위에 가디건을 걸쳐 입는 식으로 믹스매치하면 일상 패션과 다를 바 없다. 그날 스케줄에 따라 화려한 전통한복을 입을 때도 있고 간소한 생활한복을 입을 때도 있다. 한복을 살리자면서 내가 한복을 입지 않으면, 누가 입겠는가. 한복이 예쁘고 멋지다고 말은 하면서 정작 본인은 입지 않고 남이 사 입어주기만 바란다면 그건 말과 행동이 다른 것이다. 살은 빼고 싶다면서 운동은 하지 않고, 성적은 잘 받고 싶다면서 공부는 하지 않는 것과 똑같은 이치다.

놀라운 건 사람들은 보이지 않는 부분도 느낀다는 점이다. 내가 한복을 즐기고 사랑하는 모습에서 리슬의 팬이 된 사람이 많다. "저 브랜드 어딘가 모르게 끌려. 진정성이 느껴져."라고 말하곤 한다. 사업 성공의 첫 시작은 내가 만드는 대상을 깊이 사랑하는 것부터가 시작이다.

높은 세계 시장의 벽에 부딪히다

꿈을 이루기 위해서는 의지도 중요하지만,
결정적으로 반드시 필요한 조건은 실력이다.

     뉴욕, 파리, 밀라노, 런던. 이름만 들어도 설레는 도시들이다. 당장에라도 가방을 챙겨 들고 여행을 떠나고 싶은 관광지로 유명하기도 하지만, 패션 하는 사람들에게 이 나라는 더욱 특별하다. 매년 최고의 디자이너들이 새로운 디자인을 선보이는 패션 위크가 열리는 세계 4대 패션 도시기 때문이다. 그렇기에 디자이너들에게 뉴욕, 파리, 밀라노, 런던은 한 번쯤 서 보고 싶은 꿈과 같은 곳이기도 하다. 한복이 세계 패션 도시에 당당히 선 모습, 상상만 해도 설레지 않는가. '언젠가 세계 시장에 한복을 선보이고, 패션으로 인정받으리라.' 꿈꿔왔다.

     리슬은 처음부터 해외 진출을 의도하고 런칭한 브랜드다. 브랜드명을 지을 때부터 외국인도 발음이 쉽고 영문 표기가 쉬운 것을 고려했고, 해외에 한복을 발송할 방법을 오랫동안 고민해 왔다. 주변인들은 "한국인도 안 입는 한복을 해외에서 누가 입겠어. 목표를 가지는 것도 좋지만 그게 현실적으로 가능하겠어?"라는 반응이 대부분이었다. 한복HANBOK을 코리안 기모노Korean KIMONO 로 잘못 칭하는 경우가 아직도 있을 정도로 한복의 인지도가 아직은 높지 않은 것이 현실이다. 하지만 꿈은 꾸라고 있는 법. 우리가 외래문물을 받아들여 정장이나 청바지를 일상복으로 입듯, 거꾸로 한국적인 패션을 해외로 역수출하는 일도 전혀 가능성 없는 이야기는 아니라고 생각했다. 한복을 청바지처럼, 하나의 패션 장르로 만드는 것 그것이 리슬이라는 브랜드가 탄생한 궁극적인 목표다.

해외시장 진출을 위해 처음으로 선택한 방법은 '글로벌 쇼핑몰 개설'이었고 두 번째는 '패션 페어' 참가였다. 패션 페어란 주로 패션위크 시기에 열리는 박람회로 세계 각국에서 온 디자이너들이 다음 시즌의 새로운 디자인을 선보이고 수주를 받는 행사를 말한다. 모 디자이너가 해외 수주회에서 몇만 불 오더를 쾌척해냈느니 하는 기사를 본 적이 있다. '좋아, 한복이라고 오더를 못 딸 것 없지. 한 번 부딪혀 보는 거야!'라고 마음먹고 세계 패션 시장에 도전장을 준비했다.

목표한 곳은 밀라노와 파리였다. 전통적으로 높은 인지도와 명성을 가진 패션 명가이기에 이곳을 뚫게 된다면 자연스럽게 진출할 수 있을 거라는 계산이 었다. 그러나 문제는 그만큼 심사가 엄격하고 문턱이 높다는 점이다. 페어 자리는 한정되어 있고 참여를 희망하는 디자이너는 많다 보니 심사 단계에서 떨어지는 일이 비일비재하다. 가장 작은 3×3m 크기의 부스 참가비가 무려 1,500만 원 수준이다. 하지만 이마저도 자리가 나지 않아 경쟁해야 한다고 하니 세계적인 행사라는 것을 실감했다. 참가 신청을 위해서는 브랜드 소개서와 룩북(제품을 한눈에 보여주는 화보집)을 제출해야 한다. '우리는 영어로 된 소개서가 없는데… 룩북도 없고….' 호기롭게 해외에 한복을 알려보겠다고, 한번 해보자고 외쳤지만 준비 없이 마음만 앞서 있는 철부지였다. 가지고 있던 이미지와 내용을 급하게 편집해서 룩북, 영어소개서를 만들었고 심사결과를 기다렸다. 내심 기대했지만, 탈락하고 말았다. 룩북과 소개서만 봐도 해외 진출 경험이 없는 초짜라는 게 그대로 드러났기 때문일 것이다.

| 해외 패션 페어 참가를 위해 제작한 리슬 소개서와 룩북

'그래. 준비가 미흡했지. 첫술에 배부를 수 있나. 다음엔 꼭 밀라노, 파리 간다, 내가!' 떨어지고 나서 다음 페어까지 6개월이라는 시간이 생겼다. 부족했던 룩북부터 제대로 만들고, 브랜드 소개서도 다시 정리한 후 재도전한 끝에 드디어, 참가 승인을 받았다. 승인서를 받은 날로부터 나름 '전략'을 준비했다. 부스에서 바로 주문 가능한 양식서와 펜, 메모지, 스테이플러, 테이프, 영어 명함, 계약이 성사되거나 우리 브랜드에 관심을 가지는 예비 바이어에게 줄 에코백 가방까지. 나름 촘촘히 짰다고 생각한 준비물들을 들고 밀라노로 향했다.

가방을 싸고 보니 개인 짐까지 합쳐 이민 가방 6개쯤 되는 어마어마한 물량이 나왔다. 물류만 현지로 보내는 서비스도 있었지만, 가격이 비싸고 분실 위험도 있었기에 직접 들고 이동하는 방법을 택했다. 아마 공항에서 날 봤다면 이민 가는 사람으로 착각했을 것이다. 13시간 넘게 날아가 도착한 밀라노. 푹푹 찌는 한여름 날씨였지만, 지나가는 동네 아저씨조차 패셔너블한 신사로 보이는 듯했다. 경비를 아끼고자 가장 싼 숙소를 잡은 탓에 찜통더위에도 켤 에어컨은커녕 선풍기조차 없었다. 창문을 열어도 더운 바람만 들어올 뿐이었다. 주변은 로맨틱한 분위기가 넘쳤지만 혼자 전투 의지에 불타 있었다.

여독을 풀고 바로 행사장 부스 세팅에 나섰다. 행사장 내 구석진 자리에 부스가 배치되었다. 아무래도 인지도 없는 아시아 신생 브랜드다 보니 으슥한 자리에 배치된 것 같다. '자리가 외지

면 어때. 잘하면 되지! 이곳에 왔다는 것 자체가 중요한 거 아니
겠어?' 스스로 위로하며 짐을 풀었다. 역시나 경험이 없었던지라
곳곳에서 문제가 생기기 시작했다. 주최 측에서 행거, 마네킹, 옷
걸이 등을 미리 유료로 임대했는데, 가격이 비싼 탓에 신청하지
않았다. 대신 짐가방 무게를 줄이기 위해 가벼운 플라스틱 옷걸
이를 들고 갔으나 아뿔싸 옷이 무거워서 옷을 거는 족족 옷걸이
가 끊어져 버리는 것이다. '당장 내일 행사인데 이거 어쩌지.' 하
며 손톱을 깨물고 있던 차에 둘러보니 다른 참가 브랜드가 옷걸
이를 사서 들어오는 것이 아닌가. 튼튼한 금속 옷걸이를 구매해
서 입장한 참가자는 한눈에 봐도 여러 번 참가 경험이 있는 사람
같았다. 대여 서비스는 비싸고, 직접 들고 오는 건 부피와 무게를
많이 차지하니 현지에서 구매하는 모습을 목격한 것이다. '대박.
여기도 사람 사는 곳이니까 옷걸이를 팔겠구나.' 인근 마트를 찾

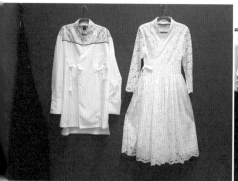

| 리슬 부스 내부 모습

아 옷걸이를 구매해 급하게 해결했다.

그런데 이번엔 부스 꾸미기가 문제였다. 다른 부스는 로고 간판을 부착하거나 벽에 꽃을 달고 눈에 잘 띄게 내부를 장식하고 있었다. 우리는 옷을 다리는 것 외에 별달리 할 일이 없었다. 부스를 꾸며야 한다는 사실도 모른 채 정말 옷만 덩그러니 가져간 것이다. 화려하게 꾸민 다른 브랜드 부스들과 다르게 우리 부스는 흰 벽과 흰 행거에 옷만 걸린 초라한 모습이었다. 점점 확연히 달라지는 부스를 보며 나도 모르게 위축되어 갔다. 내가 봐도 우리 부스는 시선도 잘 가지 않고 매력적으로 보이지 않았다. 세팅 시간이 지나 준비가 끝난 브랜드는 검정 천막을 입구에 쳐서 옷을 잘 가려두고 행사장을 빠져나갔다. 아직 정식 행사는 시작하지도 않은 사전 세팅일 뿐이었지만, 초보와 고수의 수준 차이를 눈으로 확인할 수 있었다.

다음날. 단 한 개의 오더라도 따내리라 하는 비장한 심정으로 페어 첫날을 맞이했다. 판매하는 옷을 입고 입구에 서서 인간 마네킹 역할을 하며 호객행위를 했다. 으슥한 위치 탓인지 우리 부스 앞을 지나는 사람도 많지 않았고, 지나치더라도 눈길조차 주지 않고 지나는 경우가 대부분이었다. 다행스럽게도 내가 입은 옷을 보며 호기심을 가지고 몇 마디 던지고 가거나 명함을 받아가는 사람이 있었다. 명함을 교환하는 것보다 우리에겐 주문 하나가 간절했다. 초초해진 나는 우리 팀에게 계약 조건을 수정하자고 긴급 제안했다. 원래는 100개 이상 물건을 주문했을 때부터 도매를 주는 조건이었는데, 단 1장이라도 주문하기만 하면 도매가로 주겠다는 파격 조건을 내건 것이다. 조건을 내세워 적극 호객행위를 시작했고 이전보다는 조금 더 많은 사람이 부스에 들어와 상담하기 시작했다. 이틀날에는 50여만 원어치의 작은 주문이 있었지만 가계약 1건이 이뤄지기도 했다. 하지만 수천만 원을 투자해서 온 밀라노였다. 이것으로는 어림도 없었다.

'주문을 못 받으면 배우기라도 하자.' 이제 막 창업한 나로 돌아가 절실한 학생 모드를 발동했다. 페어장을 몇 바퀴씩 돌며 다른 브랜드를 보고 또 봤다. 디자인 유출 문제가 있어 사진 촬영은 실례였기에 눈으로 찍고 머리에 기록했다. 세계 수준급 브랜드들은 어떻게 부스를 꾸몄고 진열했는지, 어떤 스타일이 유행인지, 상담할 때는 어떤 표정과 어투를 선보이는지를 어깨너머로 보며 벤치마킹했다. 현장이야말로 어디서도 배울 수 없는 산 교육의 장이다. 세계에서 실력 있는 디자이너들이 이곳 밀라노에 모였으니 그 쟁쟁함과 수준은 말로 할 수 없었다. 눈에 띄었던 건 일본 디자이너들이었다. 일본 브랜드는 옷만 봐도 일본 특유의 스타일이 진하게 묻어났는데, 그 때문인지 단골 바이어들이 꽤나 있는 듯했다. 한국 브랜드는 서너 곳 정도가 눈에 보였고 일본 브랜드는 30여 곳이 훌쩍 넘었다. 한국에서 꽤 유명세를 탔다고 생각한 나인데, 이곳에 나와보니 우물 안 개구리가 따로 없었다. 이곳에서 리슬을 아는 사람은 단 한 명도 없었다. 한복이라는 의상은 처음 보는 낯선 스타일이었다. 노련한 그들과 비교하니 우리 모습은 한참 못 미치는 초보 수준이었다. 이미 오래전부터 이런 세계무대에 참가해 경험을 쌓고, 자리매김한 일본 브랜드들을 보며 부러운 마음과 사명감이 일어났다. 내가 세계 패션 시장에 한국인으로서 한국 브랜드로서 조그마한 기여라도 하고 싶다는 의지가 활활 불타올랐다.

밀라노 행사를 마치고 파리 페어까지. 숨 가빴던 두 개의 첫 페어가 끝나고 난 뒤 네 건의 가계약이 들어왔다. 전혀 가망이 없을 거라고 생각했던 것과 달리 가계약이 들어왔단 생각에 안도감이 들었다. '그게 어디야!' 가계약일지라도 희망하는 의상과 사이즈도 다 골라놓은 상태이기 때문에 계약금만 받으면 정식 계약이 되는 것이었다. 메일을 통해 계약을 확정할 것을 유도하며 후속 작업을 이어갔다. 몇 번의 계약요청을 했음에도 불구하고 몇몇은 계약 철회를, 몇몇은 답장조차 돌아오지 않았다. 슬프게도 수천만 원의 참가비용을 들여 시도한 첫 해외 진출 성과는 사실상 0원이었다.

함께 갔던 팀에게는 "괜찮아. 이게 다 경험이지 안 그래? 처음부터 잘되는 사람이 어딨어?"라고 태연한 척했지만 숙소, 비행기 값도 건지지 못했다는 생각에 속이 쓰렸다. 하지만 객관적으로 생각해봐도 내가 준비한 디자인, 구성, 룩북, 가격, 디스플레이, 바이어 응대 모든 것이 부족했다. 이번 페어를 계기로 처음 듣고 알게 된 개념부터 보고 배운 것도 많았다. 나름 국내에서 인기 물결 좀 탔다고 자신했던 내가 부끄러웠다. '세계를 무대로 일반 패션이랑 경쟁하려면 한복이 이 정도 수준으로는 안 되는구나. 더 철저히 좋은 상품, 더 높은 수준이어야겠구나.' 이를 깨물었다.

6개월 뒤 다음 시즌에 다시 한번 파리와 밀라노에 도전했다. 이번엔 어땠을까? 한 번의 교훈 덕분이었는지 정식 계약을 딸 수 있었다. 계약 액수보다 빈손으로 돌아오지 않았다는 게 더 기뻤다. 몇 번의 고배 끝에 얻은 결실이라 더욱 달게 느껴졌다. 계약을 따게 해준 1등 공신이 바로 누비니 코트라는 제품인데, 한국의 전통기법인 누비를 활용해서 만든 하얀 겨울 외투다. 한국의 깃을 과장된 형태의 숄칼라로 재해석했는데 일반적으로 한복 하면 떠올리는 깃, 고름과 같은 한복의 요소를 빼고 모던한 느낌을 가미한 스타일로 변신을 꾀했다. 과하게 전통적인 분위기 의상을 가져갔을 때, 너무 아시안 민속적인 분위기가 강하다는 방문객 코멘트가 결정적이었다. 우리가 타국의 전통의상을 일상복으로 입기 부담스러운 것과 같은 이치다. 그 말을 들은 뒤 좀 더 서양의 재킷과 같은 친숙한 요소를 적극적으로 넣어 디자인했다. 칼라를 뒤집어서 얼굴 위로 끌어올리면 얼굴이 다 가려질 정도로 크고 넓은 깃이 매력적이었다. 과장된 오버핏 스타일이다 보니 입고 보면 마치 겨울용 누비이불을 둘둘 둘러 말아놓은 것 같다. 한복 같다는 느낌보다는 서양의 독특한 코트에 한국스러움이 묻어나는 묘한 디자인이다. 유러피언도 부

담 없이 입을 수 있도록 은은하게 한국적인 감성을 심어둔 것이다. 모던한 비중을 높이고 전통적 요소를 슬쩍 넣은 이 디자인은 확실히 반응이 컸다. 그래서인지 코트를 걸어만 놓아도 부스 안으로 들어오는 바이어가 많았다. 한 러시아의 유명 잡지 에디터는 코트를 보고 패션잡지에 인터뷰를 싣기도 했다. 엄청난 오더를 따낸 건 아니지만, 백만 원 단위의 소소한 오더와 인

지도 있는 해외 매체에 인터뷰가 실렸다는 성과로도 만족스러웠다. 누비니 코트 덕분에 '0원'이라는 불명예를 지울 수 있었다.

안타깝게도 이 페어를 끝으로 해외 페어는 멈추었다. 회사 내부적으로 고비용, 저성과 행사에 지속투자를 해야 하느냐는 회의가 있었고 비싼 참가비를 댈 만큼 자금 사정이 여의치 않았기 때문이다. 지금까지 해외 페어 참가에 사용된 부스, 비행기, 숙소값 모두 합치면 1억 원이 넘는 큰 투자였다. 고액 투자가 무색하게 결과는 처참하고 초라했다. 객관적으로 리슬 한복이 '패션'으로 세계적인 브랜드들과 나란히 하기에는 디자인력, 생산 수준, 바이어들과의 네트워킹, 비즈니스 경험 등이 부족하다는 사실을 깨달았다. 나 스스로 '우리 리슬도 알 만한 사람은 알아주는데?'라는 생각으로 해외 시장을 가볍게 봤다가 큰코다친 거다. 눈앞에 펼쳐진 그들과 우리의 수준 차이를 보면서 그동안 내 생각이 얼마나 오만했던 것인지 느끼게 되었다. 해외 페어에서의 경험은 좁은 시야를 넓혀준 계기이자, 겸손함을 가져다준 교훈이다. 이건 누가 가르쳐준다고 배울 수 있는 게 아니다. 직접 부딪혀야 알 수 있는 깨달음이다. 한복을 패션으로 만들기 위해서는 눈으로 봤을 때 멋진 디자인을 보여주는 것 이상으로 상품으로서 상품성을 갖출 수 있도록 시장 분석, 상품 기획, 마케팅 등을 촘촘히 짜서 만들어야 한다는 것을 알게 되었다. 높은 세계 시장의 벽은 나에게 실력만이 살아남는 것이라고 말하고 있었다.

그 누구도 만들어보지 않은 한복

전문가는 모든 경우의 수를 경험해본 사람이다.
그들은 예측하지 못한 상황을 만들지 않는다.

가끔 큰돈이 되지 않더라도 호기심 때문에 특이한 한복 주문을 받기도 한다. 한복으로 어디까지 만들 수 있을까 하는 일종의 실험정신이다. 특이한 요청이 있는 주문을 받았다가 예상대로 완성품이 나오지 않아 두 번 세 번 다시 만드느라 손해를 본 일도 있다. 그럼에도 그렇게 작업하고 나면 뭔가 남들은 경험해본 적 없는 '나만 아는 문제풀이법'이 생긴 것 같아 뿌듯하다. 지금까지 만들어본 한복 중 가장 독특하고 이색적인 한복을 꼽으라면 바로 이 한복일 것이다. 경력이 20년, 30년 넘은 대선배님들을 통틀어도 내가 만든 이 한복을 만들어본 디자이너는 아마 없을 것이라 자부한다. 아마 세상에서 제일 큰 한복이 아닐까 싶다.

"저 혹시… 아주아주 큰 한복도 제작 가능한가요?"사무실로 전화 한 통을 받았다. 크면 얼마나 클까 싶었다. 가슴둘레가 130cm(기성복으로는 3XL정도)가 넘어가는 상당한 체구의 옷도 만들어봤고 체형 자체가 우리와는 다른 외국인을 위한 한복도 만들어본 적이 있기에 그리 어려운 일은 아니라고 생각했다. "네, 입으시는 분 사이즈가 대략 어떻게 되세요?" 자신 있게 상담을 이어갔다. "음, 그게 입는 분이 사람이 아니라서요." 사람이 아니면 도대체 무엇이란 말이냐? 예상치 못한 대답에 온갖 상상의 나래가 펼쳐졌다. '돌아가신 분의 수의일까? 엄청 크다는 건 또 무슨 말이지?' "인형이 입을 거예요." "네? 인형이요?" "네, 나무로 된 인형인데요. 인형 한복도 제작할 수 있나요?" "인형 한복도 치수만 있으면 당연히 가능하죠. 어려울 것 없죠." 인형이라는 말에 작은 콧김을 내쉬었다. 인형도 사람의 형상을 그대로 축소해서 만든 것일 뿐이니 한복 역시 비율대로 축소해서 만들면 되는 일이다. 식은 죽 먹기라고 생각하고 있던 차에 수화기 너머로 가장 중요한 정보가 넘어왔다. "아, 근데… 그게 좀 많이 큰 인형이에요. 키가 5m예요."

'내가 잘못 들었나 5…5m? 5cm 아니고 50cm아니고 5m? 세상에 그런 인형이 있을 수 있다고? 진짜 5m면 여기 사무실 천장 뚫고도 남지 않나?'

전화한 분은 마리오네트 인형을 전문으로 만드는 작가님이었다. 줄을 자유자재로 이용해 움직임을 주는 마리오네트 인형 제작기술을 유럽에서 배운 작가로 국내에 돌아와 마리오네트를 이용한 공연, 축제 연출 등을 주로 한다고 했다. 그중에서도 작가님 시그니처가 대형 마리오네트라는 것. 거대한 것은 무려 11m에 달하기도 한다고. 호주 국제 페스티벌을 위해 제작되었던 11m 초대형 마리오네트는 바지선을 통해 운반했고, 작동에만 대형 크레인과 90명의 전문가가 동원되었을 정도라고 한다. 아파트 4층 높이 인형이 살아 움직이듯 눈을 깜박이기도 하고 손을 흔들거나 고개를 좌우로 돌리는 섬세한 움직임으로 축제에서 화제가 되었다고 한다. '아, 진짜 축제 때 이런 인형이면 엄청난 주목과 홍보 효과를 누릴 수 있겠구나.' 보내준 사진 자료들을 보고 나서야 어떻게 인형이 그렇게 클 수 있는 건지, 왜 큰 옷도 만들 수 있느냐고 한 건지 어느 정도 이해가 되었다. 나에게 의뢰하는 인형은 강원도 영월에서 열리는 '단종 국장재현 거리 퍼레이드'에 사용될 단종 인형이라고 했다. 게다가 무려 2018 평창동계올림픽의 문화행사의 일환으로 펼쳐진다는 것이었다. '오! 마이 갓, 평창올림픽에 참여할 수 있는 기회잖아!' 국가 행사에 참여하는 것은 물론 그 누구도 해보지 않은 대형 한복 제작이라니. 이건 무조건 해야 하는 일이었다.

　단종은 열 살이라는 어린 나이에 즉위한 조선의 6대 왕으로, 강원도 영월에 유배되었다가 열여섯 살에 죽음을 맞이한 비운의 왕이다. 유일하게 국장도 제대로 치르지 못한 채 죽은 것을 안타깝게 여긴 후손들이 매년 단종의 능이 있는 영월에서 국장을 치르는 행사를 한다. 특별히 2018년에는 세계적인 행사인 동계올림픽이 강원도에서 개최되기에 평소와는 다르게 조금은 특별한 거대 마리오네트 단종이 출현하는 퍼레이드를 열게 된 것이다. 단종의 신분이 왕이었기에 필요한 한복은 '구장복'이라고 불리는 대례복이었다. 사극에서 왕의 혼례식이나 국가의 중요한 행사, 제사가 있을 때 입고 나오는 검은색의 화려한 자수가 놓인 옷이다. 구장복이란 말은 9개의 문장紋章(상징이 담긴 무늬)이 놓인 옷이라는 뜻으로 오직 왕만이 입을 수 있는 최고 권위를 나타내는 옷이다. 구장복은 왕의 최고 존엄을 의미하는 옷인 만큼 구성품도 다채롭다. 기본적으로 입는 저고리, 바지 위에 12가지가 넘는 것을 덧입는다. "저, 작가님. 혹시 단종 한복은 어디까지 준비

해야 하나요? 대례복 장신구까지 하면 10가지도 넘는데요." "머리부터 발끝까지 모두 준비해주실 수 있나요?" "면류관도 필요하신가요?" "네." "신발도요?" "물론이죠." 구장복의 화룡점정은 면류관이다. 네모난 넓은 판에 화려한 구슬이 커튼처럼 드리워져 있는 면류관은 무게가 어마어마해서 드라마 촬영을 하는 베테랑 배우들에게도 곤욕을 선사하는 악명 높

은 쓰개다. '5m에 달하는 인형의 면류관이라면 도대체 사각판을 무엇으로 만들어야 하는 것인가. 그리고 도대체 그 무게는 어느 정도일까. 얘가 이걸 쓰고 과연 걸을 수 있을까.'

시작도 전에 난관이 이만저만이 아니었다. 인형 사이즈를 두고 비례식과 각종 곱하기가 난무한 수학 메모로 종이가 가득 찼다. 단순히 사이즈가 커지는 문제가 아니었다. 무게가 제일 문제였다. 인형 자체가 나무를 깎아 만든 것이라 무게가 상당했고 거동을 위해 크레인과 줄을 달았다고 해도 안전상의 이유로 최대한 무게를 줄이는 것이 관건이었다. 왕의 위엄을 표현해야겠기에 겉에 보이는 장식을 빼는 것은 불가능했다. 제대로 갖춰 입히지 못한다면 고증이 잘못되었다고 지적받을 수 있기 때문이다. 종이를 펼쳐놓고 무게를 최소화할 방법을 연구하기 시작했다. 원래라면 구장복의 겉옷 안에는 저고리, 바지, 두루마기, 전복(조끼), 중단의 5가지를 갖춰 입어야 했지만 속옷은 바지와 저고리 한 개만 입히기로 했다. 키에 맞춰 옷감을 계산해보니 겉에 들어가는 옷감만 50마(약 45m), 무게로는 10kg 가까이 되었다. 성인 한복을 만드는 분량에 11배가 넘는 크기였다. 전통 방식으로 안감을 넣어 처리하면 무게가 더해져서 옷의 매무새가 망가질 것이 분명했다. 과감히 안감을 빼기로 결정했다. 그리고 옷감 중에서도 얇지만, 비침이 없으면서 빳빳함이 있는 원단을 수배했다. 부드러운 소재를 사용했다가는 큰 사이즈에 실루엣이 축 처져서 맵시가 안 날 것이었기 때문이다.

| 커다란 옷감 위에 곤의(袞衣)에 놓일 9가지 자수의 위치를 측정하는 모습

　　회사 지하 세미나실의 책상을 모조리 치우고 이곳을 작업장 삼았다. 바닥을 깨끗이 닦고 옷감을 펼쳐놓으니 사람 50명이 들어가는 세미나장이 가득 찰 정도였다. 구장복의 핵심은 9가지 모양의 자수였다. 손바닥만 한 자수를 놓는데 비용이 1만 원쯤 든다. 이 거대한 자수를 놓는다고 생각하면 자수 값으로만 수백만 원이 예상되었다. 그렇기에 단 한 번의 실수도 있어선 안 되었다. 자수를 놓아보고 위치가 틀린다거나 생각했던 크기가 아니라든가 하는 일은 있어선 안 되었기에 A4용지로 자수문양을 뽑아서 옷 위에 올려가며 도안 크기를 설정했다. 옷감에 종이를 부착해서 정확한 자수의 위치를 표시한 뒤 자수 공방으로 보내었다. 옷을 개키는 것도 2인 1조로 움직여야 했다. 마치 이불 개듯 반을

| 거의 완성되어 가봉이 가능해진 단종의 어마어마한 크기의 구장복

접고 서로 맞대어서 포개어야 할 지경이었다.

　　단종의 가봉날이 다가왔다. 어느 정도 인형의 뼈대가 제작
되어 옷을 대충이라도 입혀볼 수 있게 된 것이다. 인형제작이 이

뤄지는 충북 음성으로 갔다. 완성된 바지와 저고리, 현의(구장복 겉옷을 이르는 명칭)를 들고 이동했다. 잘못되었다면 바로 뜯을 수 있게 완벽하게는 마무리하지 않은 상황이었다. 도착한 곳에는 파란 천막 원단이 놓인 흙바닥에 뼈만 있는 인형이 누워 있었다. 당혹스러움에 선생님을 호출했다. "저기요 선생님… 이거 어떻게 입혀야 해요?" "아, 제가 도와드릴게요. 이거 혼자는 못 해요. 잠시만요." 작업장에서 작업하던 스태프 한 분을 모셔왔다. "팔 한쪽을 먼저 끼고 옷을 등 밑으로 밀어 넣고요. 하나둘셋 하면 몸통을 돌려서 디자이너님이 밑에서 옷을 빼는 겁니다. 아시겠죠?" "넵! 해보겠습니다!"

팔 한 짝을 드는데도 쉽지 않았다. 나무로 이뤄진 인형이라 무게가 상당했다. 팔에 소매 한쪽을 끼워 넣고 등 한쪽을 들어 옷감을 최대한 밀어 넣었다. "됐어요. 이제 몸통을 굴려요." 옷감 한쪽을 빼기 위해 몸통을 돌리려는데 팔이 걸렸다. 다급한 외침이 이어졌다. "어…어어…중지! 중지! 멈춰요." "왜요." "등을 굴리면 팔이 짓눌려서 깨질 수도 있어요." "엇, 정말 그러겠네요. 이거 어쩌지." 사이즈 큰 게 문제가 아니었다. "어쩔 수 없어요. 팔을 분리하는 게 좋겠어요." "아, 이거 시간 한참 걸릴 텐데, 기다리실 수 있으세요?" 두 분이 오랜 대화 끝에 찾은 방법은 팔을 분리하는 것이었다. 방법이 없었다. 사이즈가 안 맞으면 어쩌나 작업 내내 걱정이었는데 입혀보지 않고 돌아갈 수는 없었다. "네, 기다릴게요." 30분쯤 흐르고 두 분은 인형의 팔을 떼고 나를 불렀다.

"자, 아까 했던 대로 소매를 먼저 끼우고 몸통을 굴리는 겁니다."
"웃짜!" 성인 셋이 달라붙어 눈덩이 굴리듯 인형을 밀었다. 밀린 자리 밑으로 나는 순식간에 반대편에 놓았던 옷을 빼내었다. "됐어요! 이제 놓으세요." 그렇게 한참을 씨름해서 옷을 입힐 수 있었다. 걱정과는 다르게 옷은 잘 맞았다. 1시간 남짓이면 될 거라

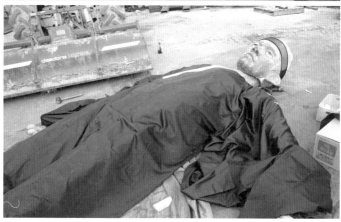

| 옷을 입히는 데만 3시간 넘게 진행된 누운 마리오네트 단종

생각했던 인형 옷 가봉은 3시간을 훌쩍 넘겼다.

옷은 어찌어찌 해결했는데 신발도 문제였다. 왕은 적석이라고 부르는 빨간 신발과 적말이라고 부르는 빨간 버선을 신는데, '도대체 이 녀석에게 신발은 어떻게 신겨야 한단 말인가…' 정말 신발 형태로 만들어서 신기는 것은 무리가 있었다. '아예 원단을 감싸서 포장하듯 씌워야겠어.' 작가님께 요청해서 발만 떼서 전주로 전달받았다. 그 발 크기만 내 몸통만 했다. 나무 발 위에 아예 신축성이 있는 붉은 원단을 이용해서 발 모양을 따라 형상을 만들었다. 만들고 보니 꼭 산타클로스의 자루 모양 같았다. 타카를 이용해 나무에 촘촘히 박았다. '한복쟁이가 바늘도 아니고 타카 가지고 작업하는 건 나밖에 없을 거야. 이거 웃긴다. 이렇게 해서 이거 신발이 되겠어?' 내 몸통만 한 발에 진지하게 자루 같은 신발을 씌우고 있는 내 모습이 우스웠다. 한 번도 이런 작업은 해본 적이 없었기에 머릿속에 있는 설계를 그냥 시도해볼 뿐이었다. '정답이 어딨어. 일단 해보는 거야.' 작업이 끝나고 나니 굉장히 그럴싸해 보였다. '어? 이게 되네?' 인형이 실제 바닥을 걸으며 아스팔트와 마찰이 일어나기 때문에 압축 폼을 사서 밑창을 만드는 것으로 신발을 마무리 지었다.

장장 3개월의 작업 끝에 단종의 한복이 완성되었다. 시연이 벌어지는 날 강원도로 떠났다. 워낙 착용이 복잡한 옷이기에 옷 입히는 것을 도울 겸, 뼈밖에 없던 이 인형이 생명을 얻고 걸어 다니는 모습을 내 눈으로 직접 볼 겸 겸사겸사였다. 모든 옷을 완벽히 착장한 채 서 있는 단종의 모습은 가히 압도적이었다. 시연하는 거리 주변에 사람들이 하나둘 모이기 시작했다. 지나가는 아이들은 사진을 찍어달라며 부모님과 다가왔다. 한 발 한 발 걸을 때마다 탄성이 쏟아졌다. 인형도 멋졌지만 한복의 위엄이 넘쳤다. '크… 나무 인형이지만 진짜 왕 같은걸. 근엄하면서도 아주 기품 있어!' 옷을 작업할 때만 하더라도 사이즈가 너무 커서 멋지

| 곤의, 면류관, 바지, 저고리, 신발 등을 완벽히 갖춰 입고 선 마리오네트 단종

다는 생각보다는 이불 같다는 생각을 지우지 못했는데 입히고 나니 근사한 왕의 모습이 될 줄이야. 몸에 꼭 맞는 것이 제 주인을 찾은 모습이었다.

안 해본 작업은 연구도 해야 하고, 실험도 해봐야 하기에 작업 시간이 몇 배는 더 걸린다. 만에 하나 실수라도 하게 되면 다시 만들어야 하니 비용을 충분히 받는다 해도 손해를 보기 일쑤다. 그래서 대부분 디자이너들이 낯선 작업은 꺼리거나 거절하는 경우가 많은데, 나는 이런 류의 작업을 좋아한다. 천성이 '호기심이 많은 연구자'이기 때문일지도 모른다. 새로운 걸 보면 골치 아프겠네라는 생각보다는 시도하고 결과를 만들어보고 싶다는 생각이 먼저 든다. 그 과정 자체가 너무나 재밌기 때문이다. 대한민국, 아니 전 세계에서 이런 한복을 만들어본 경험이 누가 있겠는가. 이런 경험이야말로 나만이 가지고 있는 특별한 스토리 아닐까.

내가 만난 한복 덕후들

좋아하면 몰입하게 되고
몰입하면 불가능한 일을 가능하게 만든다.

창업 2~5년 차 한복만 판매, 대여했던 것은 아니다. 한복과 관련된 액세서리나 장식도 함께 판매했다. 자연스럽게 고객들이 한복에 어울리는 신발, 한복에 어울리는 장신구, 한복에 어울리는 노리개 등을 원했기 때문이다. 고객이 요청하는 것이라면 최대한 구해주기 위해 노력했다. 한복은 일반 의류 쇼핑몰과 달리 목적구매가 많기에 연관된 상품을 한 곳에서 구하길 원했다. 취급하는 물건은 점점 진화해서 한복 원단, 동정, 똑단추까지 한복을 만들 수 있는 재료까지도 판매했는데 의외로 인기가 좋았다. '한복과 관련된 것이라면 뭐든 있는 곳'이라는 이미지를 만들고 싶었다. 다양한 상품이 있으면 한 명의 고객이라도 유치된다고 생각했기 때문이다. 천 원, 이천 원 정도 하는 가격대의 작은 물품은 주문이 들어오면 포장하는 것이 더 번거로웠지만 어떤 경로든 이걸 통해서 우리를 알게 된다면 나중 가서 한복이 필요할 때 다시 찾아올지도 모르는 일이었다.

한번은 이런 전화가 왔다. "혹시 한복에 붙이는 금박도 있으신가요? 저희는 세탁소인데 아이 한복을 드라이클리닝하다가 치마에 무늬가 완전히 지워져 버렸어요. 이걸 살릴 수 없을까요? 이거 고객님께 말도 못 하고 있습니다, 대책을 찾아야 해요." 망가진 한복을 되살리기 위해 한복 금박을 판매하느냐는 것이었다. 참 딱한 사정이었다. 고객이 맡긴 치마의 무늬가 통째로 사라졌으니 얼마나 당황했을까. 세탁소 사장님은 금박의 특성을 잘 몰랐던 것 같다. 드라이클리닝 시 지워지는 금박과 그렇지 않은 금박이 있는데 그걸 몰라 사고가 난 것이다. 사극에 보면 중전마마나 지체 높은 분들의 옷을 화려하게 장식하고 있는 금색 장식이 바로 금박인데, 궁중에서만 사용했던 특별한 꾸밈이다. 현대에 들어와서 금박은 찍는 방법에 따라 세 가지 종류로 나뉜다. 하나는 돌금박이라고 불리는 전통적인 방식으로 이는 드라이클리닝을 해도 지워지지 않는다. 모양이 새겨진 도장 틀에 아교를 섞은 풀을 묻혀서 옷 위에 찍어낸다. 그 위에 얇은 금박 종이(금을 두들겨 종이처럼 얇게 펼친 것)를 올려놓고 두들겨 붙인다. 풀이 묻은 부분은 금박무늬가 남고 풀이 묻지 않는 부분은 금박종이가 떨어져 나가면서 문양이 드러나게 된다. 풀을 찍고 말리는 과정이 일주일가량 걸리는데, 실수하면 돌이킬 수 없기에 매우 섬세해야 하고 천연 재료들을 쓰기 때문에 비용 역시 고가다. 사극에 나오는 중전의 당의(옆트임이 있고 둥글게 곡선으로 길게 내려온 한복 저고리) 하나를 찍는 데 드는 금박값만 수십만 원을 호가한다. 금박 작업 비용만 이 정도니 완성된 한복은 백만 원이 훌쩍 넘는 가격이 되는 것이다.

| 돌금박 / 스크린금박 / 다림금박(왼쪽부터)

두 번째 종류는 스크린 금박(업체마다 부르는 용어가 다르기도 하다)이라고 돌금박과 형식은 비슷하지만, 금박 종이 대신 금분이 들어간 물감으로 도장을 찍듯 찍어내는 방식이다. 천연재료가 아닌 현대적인 염료를 사용하고 작업 과정이 단축되어 비용이 상대적으로 저렴해서 중고급 의상에 사용한다. 세 번째 종류는 다림금박이다. 금색 필름지처럼 생긴 것을 옷감 위에 올려놓고 다리미로 열을 가하면 판박이처럼 붙는 방식이다. 작업이 간단하고

비용이 저렴해서 단체복, 아동복 등에 많이 활용된다. 전통 방식을 스티커처럼 현대적으로 개량해낸 방법으로 1미터에 몇천 원정도면 구입이 가능하다. 돌금박에 비하면 1/50도 되지 않는 가격이다 보니 다양한 곳에 쓰인다. 쓰기 좋은 이 다림금박의 유일한 단점은 드라이클리닝을 절대 해서는 안 된다는 것이다. 드라이클리닝의 용제와 닿으면 금박이 다 지워져 버린다. 이런 특성을 모른 채 드라이클리닝을 진행했으니 어찌되었겠는가. 흔적도 없이 사라진 것이다. "사장님, 저희가 따로 이걸 팔진 않는데 갖고 있는 게 있으니 우선 드려볼게요. 사용 방법은 알고 계세요? 방법을 알려드릴 테니 못 쓰는 원단 위에 충분히 연습해보신 뒤에 붙이세요. 아셨죠?" 세탁소 사장님은 연신 고맙다고 전했고, 금박을 보내주었는데 다행히 잘 해결되었다는 연락이 왔다.

그 뒤로도 금박만 따로 구매할 수 있느냐는 전화가 왔다. "안녕하세요. 저희는 인형 옷 재료를 파는 쇼핑몰인데요. 여기에 금박허리띠를 파는 걸 보니 보유하신 것 같은데 인형 한복에 붙일 금박을 도매로 구매할 수 있을까요? 금박 파는 곳이 시중에 없더라고요." 우리가 가져오는 금액에 얼마를 더 붙여서 롤 단위로 판매를 진행했다. 우리는 자수 패치*라던지 한복 금박이라던지 익숙하고 쉽게 구할 수 있는 재료라 별생각이 없었는데 누군가에게는 꼭 필요하고 요긴한 상품이라는 생각이 들었다. 이런

---

* 꽃이나 나비 모양으로 오려진 자수. 옷감 위에 직접 자수를 놓는 게 아닌 이 자수 패치를 부착하면 마치 자수를 놓은 것처럼 보인다.

재료를 판매하게 되면 한복 DIY 같은 것도 이뤄질 수 있을 것 같았다. 한복을 대여하든, 구매하든, 직접 만들든 어떤 방식으로든 한복을 경험하게 하면 마니아가 될 수도 있고 한복이 친숙해질 수 있다고 생각했다. 매출 목적보다는 한복을 경험하게 한다는 의도가 컸다.

이런 소품과 한복 재료들은 다양한 사람을 만나는 계기가 되어주었다. 어느 날 앳된 남자 대학생이 매장에 찾아왔다. 우리 주요 고객들은 여자 유학생이나 돌잔치 하는 젊은 엄마, 결혼을 앞둔 신랑 신부가 대부분이었기에 의문이었다. '어린 남학생이 어떤 한복이 필요해서 왔지?' 본인은 나와 같은 학교를 다니는 학생이라고 했다. 자기가 사극 〈이산〉을 보다 궁중 당의에 빠졌는데, 그 선이며 색이 너무 아름다워 남자지만 소장하고 싶을 정도로 좋아졌다고 한다. 이런 고객은 처음이었다. 패션이나 디자인 관련 학과인 줄 알았는데 인문대였든가 공대였든가, 어쨌든 전혀 관련 없는 학과를 다니고 있었다. 그는 곧 당의 가격을 상담했는데, 실망한 표정이 역력했다. 좋은 것으로 하면 백만 원 가까운 가격이었고 고급 원단이 아닌 일반적인 스펙의 것으로 맞춘다 해도 40~50만 원대로 학생이 구매하기에는 높은 가격이었다. 본인의 지출 가능한 예산 범위를 훌쩍 넘는 금액에 그는 말없이 앉아 있었다. 본인은 입지도 못할 당의를 소장용으로라도 갖고 싶다는 남학생을 보고 있자니 도와주고 싶은 마음이 가득했다. '얼마나 한복이 좋으면 남학생이 한복집까지 찾아왔을까. 뭔가 방법

| 사극을 보고 한복의 매력에 빠진 남학생이 직접 만드는 방법을 배워 손수 만든 한복들

이 없을까' 하다 좋은 수가 떠올랐다. "가격이 부담되면 혹시 직접 만들어보면 어때요?" 계산기를 두들기며 당의를 만드는 요척(옷 한 벌을 만드는 데 들어가는 원단 분량)을 계산했고 금박지 가격까지 계산한 금액을 보여주었다. 재료비는 다 한다 해도 몇만 원이면 되었다. "저는 바느질을 한 번도 해본 적이 없거든요. 할 수 있을까요?" 자신 없어 하는 눈치였지만 저렴한 가격으로 당의를 가질 수 있다는 말에 화색이 돌고 있었다. "제가 대충 어떤 방식인지 알려줄게요. 홈질 하나만 일단 알면 모양은 얼추 나올 거예요. 학원처럼 수강을 해주진 못하지만, 막히면 가져와요. 알려줄게요." A4 용지를 꺼내서 자르고 오리고 한복 만드는 법을 종이로 시연했다. 전체적인 설명을 들으니 할 수 있을 것 같다고 이야기하며 재료를 구매한 뒤 돌아갔다. 몇 주가 지났을까. 그가 우리

사이트에 후기 사진을 올렸다. "우와, 진짜 대박이다. 엄마! 이리 와서 이 사진 좀 봐봐. 그때 그 남학생이 결국 해냈어!" 모양은 들쭉날쭉했지만, 꽤나 근사한 당의였다. 몇 날 며칠 짬을 내서 손바느질로 옷을 만들었는데, 완성된 모습을 서둘러 보고 싶어 눈이 감기는데도 재촉해서 완성했다고 한다. '덕심은 역시 최고다! 모든 것을 가능케 하지. 정말 대단하다.' 그 뒤로도 그 남학생은 제2, 제3의 당의를 만들기 위해 방문했다. 1년이 넘도록 그의 방문은 끊기지 않았고 완성된 당의만 거의 열 벌에 가까울 정도였다. 횟수를 거듭하면 거듭할수록 마감도 깔끔해지고 실력이 느는 것이 눈에 보였다. 어느 순간이 되자 그 학생은 더 이상 방문하지 않았는데, 아마도 취업이나 진로 문제로 좋아하는 한복 제작을 할 수 없었을 거라 예상한다. 아니면 나처럼 한복을 취미로 만들다 그 매력에 빠져서 어디선가 한복쟁이가 되어 있진 않을까, 내심 그 근황이 궁금하긴 하다.

한국에만 이런 당의 덕후가 있는 건 아니다. 외국에도 덕후가 존재한다. 한 외국인은 본인이 직접 한복을 만들려고 하니 원단과 금박만 구매할 수 있느냐는 메일을 보내왔다. 이미 한복 DIY 재료를 판매하고 있었기에 어려운 부탁이 아니었다. 하지만 '외국에서 한복을 직접 만드는 것이 가능할까?' 우려되는 마음도 있었다. 얼마 지나 그녀는 나에게 본인이 직접 만든 당의를 입은 사진을 보내주었다. 머리 색도, 눈동자 색도, 문화도 전혀 다른 배경의 그녀가 한복을 이렇게 제대로 만들어내다니. 놀라운 솜씨였다. 그 마감이 아주 좋았다. 옷을 꽤나 만들어본 사람 같았다. "와, 너의 사진은 정말 놀라워. 도대체 어떻게 한복을 만든 거야? 누군가 도와준 거야?" 메일을 보내니 그녀는 웃으며 답했다. "인터넷을 찾아서 한 블로거로부터 한복 옷본을 구했어. 한국어로 쓰여 있어서 알지는 못했지만 대충 보면서 흉내 낸거야. 한국 재료를 구할 데가 없었는데 네 덕분으로 근사한 한복이 완성되어서 기뻐." 한국어도 모르는 외국인이 한복을 직접 만들겠다는 일념으로 블로거와 옷본을 찾아 직접 만드는 열정과 정성이라니. 한복에 진심인 사람들을 만나면 가슴이 뭉클해지는 느낌이 들었다. '나 외에도 한복을 아끼고 좋아하는 사람이 이렇게나 많다니. 한복! 넌 정말 가능성이 있는 존재라고!' 그녀에게 판매한 건 고작 몇만 원 재료일 뿐이었지만, 돌아오는 감동은 수백만 원의 가치가 있었다. 한 줄에 몇천 원 하는 금박재료는 나에게 동질감을 가진 뜨거운 사람들을 만날 수 있게 해준 고마운 수단이다.

| 해외에서는 구하기 힘든 한복을 직접 만들어 외국인

내 꿈의 시작 『궁』과의 만남

꿈은 명사가 아닌 동사다.
매일 현재진행형이어야 한다.

문득 창업 시작에서부터 지금까지를 반추해보니 한 편의 만화 같다는 생각이 든다. 산림공무원을 준비하던 내가 창업하게 되고, 방탄소년단과 같은 유명인들에게 옷을 입히고 국무총리 표창을 받고, 밀라노라는 세계무대에 진출한 디자이너가 되다니. 디자이너라는 직업은 진로 결정 후보에도 없었다. 취미로 만들어본 한복이 직업이 되고 거기서 찰떡같은 적성을 발견할 줄은 더더욱 몰랐다. 창업하지 않았더라면 지금 신나게 발휘하고 있는 내 재능과 매력을 발견하지 못했을 것이다. 지금의 나를 만들어준 환경과 주변 사람들에게 감사하다. 특히 이 시작을 만들어준 만화 『궁』과 박소희 작가님에게 감사를 전하고 싶다.

2014년 첫 책 『나는 한복 입고 홍대 간다』를 쓰고 난 뒤 저자로 강연을 다니며 바쁘게 일상을 보내던 어느 날이었다. 강연장에서 나는 '작가님', '저자님'으로 불렸는데 그 호칭이 낯설고 쑥스러웠다. '내가 작가님 소리를 다 듣네. 기분이 조금 이상해.' 평범한 독자였던 내가 작가가 되고 디자이너가 되었다는 사실이 자각되면서 열렬히 좋아했던 만화 『궁』의 박소희 작가님이 떠올랐다. '작가님의 만화를 보던 꼬맹이 독자가 작가가 되었다는 걸 알면 어떤 느낌이실까?' 궁금해진 근황에 새벽 2시 박소희 작가님의 블로그에 들어가게 되었다. 하늘의 뜻이었을까. 다음 날 부천에서 팬 사인회를 한다는 소식이 올라와 있었다. 내 꿈을 이끌어준 박소희 작가님을 만날 기회였다. 용기 내 친구 신청을 걸고 댓글을 남겼다.

'작가님! 친구 신청 드린 한복 디자이너 황이슬입니다. 내일 뵈러 가면 만나주실 수 있나요? 사진도 찍고 책도 드리고 연락처도 받고 싶어요!' 무슨 용기였는지 모르겠지만 사진도 찍고 연락처도 받고 싶다고 마구잡이로 들이댔다. 이제 와 생각해보면 모르는 인물로부터 갑작스러운 댓글을 받아 적잖이 당황했을 것 같다. 6시간 뒤 '네~ 그때 봅시다요.' 하는 대댓글이 달렸다. 그 길로 부천행 버스에 올라타 사인회가 열리는 만화축제 현장에 도착했다.

전국적으로 히트를 친 만화였던지라 인기가 대단했다. 사인회장 줄이 길게 늘어져 있었고 나도 그 줄에 합류했다. 순서를 기다리는 내내 당장에 찾아가 뵙고 싶다고 외쳤던 대범함은 어디

한복 디자이너의 꿈을 꾸게 한 만화 『궁』. 지금도 여전히 사무실 책장에 꽂혀 있다.

가고, 나도 모르게 얼굴은 붉어지고 심장은 쿵쾅거렸다. 동경하던 만화를 그린 장본인과 10m도 안 되는 거리, 같은 공간, 같은 공기를 공유하고 있다는 생각에 정신이 혼미했다. 내 순서가 다가왔고 "블로그에 만나고 싶다고 댓글 남긴 한복디자이너 황이슬입니다."라고 소개했다. 사진으로 보았던 박소희 작가님 모습 그대로였다. 긴장한 탓에 생각해간 말들을 두서없이 늘어놓았던 것 같다. 박소희 작가님은 그런 나를 따뜻하게 맞이하고 재미있게 들어주셨다. "어머, 입고 오신 한복이 예뻐요."라고 칭찬받았는데 속으로는 '네, 그럼요! 이 한복이 당신의 만화로부터 시작된 이야기인걸요.'라고 말하고 싶었는데 부끄러워 대답하지 못했다. 사인을 요청하며 꼭 하고 싶었던 한마디를 전했다. "『궁』을 보면서 한복의 매력에 빠지게 되었고, 덕분에 한복 만드는 한복쟁이가 되었어요. 작가님은 제 꿈의 씨앗이세요." 지금 내가 한복쟁이가 된 것도, 책을 쓴 작가가 된 것도 그 시작에는 『궁』이 있었다. 작가님의 시그니처 강아지 사인과 응원 메시지가 책 위로 번져나갔다. '만화를 현실로. 꿈을 현실로 이룸을 축하합니다.' 작가님도 본인 작품이 출발이 되어 꿈을 이뤄가고 있는 나를 보며 함께 기뻐해주었다. 사진까지 야무지게 찍고 나니 더할 나위 없었다. '이 사진이랑 사인북은 가보로 물려줘야지.' "잠시만 기다려주세요." 박소희 작가가 사인회가 다 끝난 뒤 무언가를 내밀었다. 친필 사인이 담긴 만화 『궁』과 굿즈들, 그리고 개인 연락처가 담긴 명함이었다. 굿즈도 만화도 너무 좋아하는 것들이었지만 '개인 연락처'야말로 최고의 선물이었다. '이거 진짜 연락해도 되는 걸까?' 고민하며 문자를 썼다 지웠다

를 반복하던 그때 작가님으로부터 장문의 메시지가 왔다. 못다 한 응원 메시지와 함께 반가웠다는 인사였다. 나의 꿈의 시작이 되어준 분에게 받은 따뜻한 격려에 울컥함이 밀려왔다. 더 멋진 브랜드가 되어서 팬과 작가의 관계를 넘어 파트너이자 성덕까지 되고 싶다는 꿈을 꾼 순간이었다.

그로부터 7년이 흘렀다. 한복을 글로벌 패션 장르로 만든다는 비전을 이루기 위해 수없이 도전했고, 꿈만 같은 성과를 이루었다. 방탄소년단, 마마무, 비비지, 청하 등 내로라하는 K-pop 스타들의 의상을 만들었고, 국무총리 표창을 받았다. 뉴욕과 파리, 밀라노 패션 페어에 참가하며 세계화에 도전했고 지금까지 누적 53개국에 한복을 보냈다. 크라우드 펀딩을 통해 19억 원이 넘는 성과를 내었고 무엇보다도 리슬을 지지하는 수만 명의 리슬러들이 생겼다. 내가 『궁』을 최애라고 꼽듯, 리슬을 최애로 꼽는 팬들

| 팬이 아닌 비즈니스 파트너로서 함께한 박소희 작가와의 협업

이 나타나기 시작했다. 만화『궁』처럼 이름만 들으면 아는 멋진 브랜드가 되었을 때 박 작가님을 다시 만나고 싶었다. 그리고 이만하면 자신 있게 설 수 있겠다는 생각이 들었다. 다시 한번 만남을 요청했다.

　이번에 만날 때는 팬으로서가 아닌 비즈니스 파트너로 만남을 요청했다. 만화『궁』의 디자인을 실제 의상으로 만들어서 상용화시키자는 제안을 담은 정식 협업 요청이었다. 16년 전에는 독자에 불과했고, 7년 전에는 팬이었던 내가, 이제는 비즈니스를 함께하는 상대로 마주한 것이다. 다행히 긍정적으로 계약이 성사되었고 리슬의 탄생이 된 『궁』 스토리는 2022년 디자인 테마가 되었다. 이 소식을 들은 리슬러들은 "새록새록 옛 생각이 나네요. 저에게 처음으로 한복이 예쁘다고 생각하게 해준 만화예요."라며 추억에 잠기기도 하고 "리슬님 완전 성덕이시네요. 꿈을 이뤄가시는 모습 보기 좋아요."라며 응원해주기도 했다. '궁' 컬래버레이션은 두 번에 걸쳐 텀블벅 크라우드 펀딩을 통해 런

그래서 제가 한번 입어 봤습니다~♡

| 박소희 작가가 저자에게 선물한 손그림

칭했고, 누적 2억5천만 원이라는 금액을 달성하며 큰 성공을 거두었다. 무엇보다도 런칭 축하한다는 메시지를 남겨준 박소희 작가님의 세상에 하나뿐인 손그림까지 선물로 받았다. 무려 내 얼굴을 손수 그려준 것이다! 나 같은 성덕이 있을까. 16년 전 만화 궁을 보며 창업을 결심하던 그때의 감정, 그때의 열정으로 불타오르는 프로젝트였다.

이 책을 끝까지 읽은 사람이라면, 나의 첫 시작이 얼마나 얼렁뚱땅 주먹구구였는지 기억할 것이다. 나처럼 만화 『궁』을 보며 예쁘다고 생각하는 사람들은 많았다. '이런 스타일 한복이 있다면 평소에도 입고 다닐 수 있어!'라는 허무맹랑한 생각이 지금

『궁』과 리슬의 컬래버레이션으로 탄생한 한복. 2억5천만 원이라는 펀딩 금액을 달성했다.

의 나를 만들었다. 친구들로부터 '누가 한복을 일상복으로 입고 다니겠어?' '솔직히 입고 다니기는 좀 그렇지.'라는 말을 들을 때면, 꿈을 알아주지 않는다는 속상함도 있었지만 그게 냉정한 현실이었다. 실력과 경험이 없다 보니 뭐 하나 쉽게 된 일이 없었다. 택배 상자 하나 포장하는 것에서부터 옷 한 벌 사진 찍어 올리는 과정 하나하나가 난관이었다. 비록 시작은 비전공자가 만든 취미 수준의 서툴고 조악한 한복이었지만 언젠가는 기성 패션 시장과 겨뤄도 뒤지지 않을 실력과 수준을 쌓아 그들과 나란히 하겠다는 생각으로 실천하고 도전했다.

꿈을 향해 조금씩 달려가니 희미했던 꿈이 '한복을 글로벌 패션 장르로 만든다'라는 문장으로 뚜렷해졌고 꿈이 뚜렷해지니 무엇을 해야 할지, 어떤 것을 공부해야 할지 알게 되었다. 때로는 내가 만드는 모던한복이 '전통을 헤치는 것은 아닐까' 하며 정체성을 고민한 적도 있지만 이제는 분명해졌다. 나는 '지금 당장 입을 수 있는 한복'을 추구한다. 현대인들의 라이프 스타일에 맞추어 시대정신을 반영한 21세기 한복, K-fashion을 만들어간다는 확고한 방향이 생겼다. 방향을 정리하고 나니 속도는 문제가 되지 않았다. 어제보다는 오늘 한 발 더 내딛는 것을 목표로 매일매일 꾸준히 시도했다. 열 가지를 시도하면 아홉 개는 꽝일지라도 꼭 하나씩은 '당첨'이 나왔다. 그 힘으로 또 다음을 도전했고 반복하다 보니 어느덧 이 자리에 서 있다.

이렇게 한결같이 꿈을 향해 달리는 까닭은 리슬이라는 브랜드를 만들어가는 여정이 나에겐 행복이자 즐거움이기 때문이다. 브랜드를 만들면서 나란 사람은 어떤 가치를 중요시하는 사람일까를 오랜 시간 고민해보게 되었는데 내가 찾은 하나의 키워드는 '행복'이었다. 한복을 입으면 기분이 좋아지고 행복해지는 것처럼, 나도 나로 인해 사람들이 행복해졌으면 좋겠다. 내가 사랑하는 일을 하면 얼마나 행복한지 공유하고 싶고, 내가 만든 옷을 입는 사람들 또한 행복했으면 좋겠다. 나를 보며 자극을 얻어 열심히 무언가를 시도해보고 싶어졌다는 분들을 많이 만난다. 그럴 때 나는 행복을 느낀다. 지금 하는 일을 사랑하고 매일 행복하다. '과거로 돌아가도 지지고 볶는 징글징글한 창업에 다시 발 담글래?'라고 묻는다면 지체 없이 '예스'라고 대답할 것이다. 완벽하지 않았지만 자기 전 스스로 걸리는 것 없을 만큼 매일 최선을 다했기 때문이다. 그래서 리슬의 브랜드 철학이 "오! 한복한 인생"이다. 회색의 무미건조한 삶이 아니라 한복의 알록달록한 색감처럼 다채롭고 생기 넘치는 즐거움이 모두의 삶에 있었으면 좋겠다. 이 책을 읽는 독자 모두가 오! 하고 감탄사가 나올 정도로 행복한 인생을 만들어가길 바란다.

한복디자이너가 되고 싶은 사람을 위한 9가지 Q&A

Q. 대학 전공을 꼭 해야 하나요?

디자이너가 되는 데 대학 전공이 필수는 아닙니다. 하지만 의류학이나 패션디자인 전공하면 필요한 기초지식을 배울 수 있으니 도움이 됩니다. 저는 비전공자(산림 자원학)로 학사를 졸업한 뒤, 의류학과로 대학원을 갔습니다. 비록 대학 전공은 하지 않았지만 독학, 청강, 학원 수강, 창업 4가지를 통해 실무적인 지식을 갖추었습니다. 실제 현업에 계신 디자이너분들을 보면 전공하지 않은 분들도 많습니다. 대학을 간다 안 간다가 아닌 실무에 필요한 기초지식을 가지고 있느냐 없느냐가 더욱 중요한 것입니다. 실무 지식을 갖춘다면 대학을 가지 않아도 상관없다고 생각합니다. 입시를 준비하는 고등학생이나 사회초년생이 아니라 이미 학교를 졸업한 성인의 경우라면 굳이 진로변경을 위해 대학에 입학하기보다는 실무적인 준비를 갖추시는 것을 추천드립니다.

Q. 한복 학원을 다니려고 해요. 도움이 될까요?

네, 물론입니다. 학원은 체계적이고 집중적으로 교육하는 곳이니 도움이 됩니다. 한복 재봉을 수강하며 흔히 하는 오해 두 가지가 있습니다. 첫째는 수강만 하면 한복을 자유자재로 만들 수 있다고 생각한다는 점입니다. 마치 운전면허증이 있다고 해서 운전을 잘할 수 있는 게 아닌 것처럼, 학원 수강은 한복을 만드는 A~Z까지의 순서를 배우는 최소한의 과정입니다. 추후 개인적으로 기술을 익히는 과정이 추가로 필요합니다. 현업에 계신 재봉 기술자님들 의견에 따르면 최소 5년 정도는 한복을 지어보아야 어느 정도 할 수 있다, 라고 느낀다고 합니다. 둘째는 학원 수강이면 모든 디자인이 가능할 거라고 생각한다는 점입니다. 간단한 배색 원리나 몇 가지 스타일은 익힐 수 있지만, 디자인을 배우는 것은 아닙니다. 수강에서는 기초 원리를 배우고, 수료 후 창작 디자인을 응용하며 개인적으로 작업하며 스타일을 만들어가는 것을 추천합니다. 리슬 같은 생활한복을 만들고 싶다면 양장 재봉법과 한복 재봉법 두 가지를 모두 배우길 권장합니다. 배울 수 있는 곳으로 서울 중부기술교육원, 한복진흥센터 한복마름방과 공공기관에서 수행하는 곳, 민간이 운영하는 문화센터, 사설 한복학원, 공방, 온라인 클래스 등이 있습니다. 최근에는 전주와 상주가 한복창작소 운영 지자체로 선정되어 한복 교육 프로그램이 가동될 예정입니다.

Q. 디자이너가 한복을 직접 바느질하나요?

디자이너가 직접 바느질하기도 하고 그렇지 않기도 합니다. 맞춤으로 생산되는 한복 브랜드, 1인 기업의 경우 디자이너가 고객상담, 디자인, 바느질을 모두 하기도 하고 이것을 분업해서 상담과 디자인까지만 디자이너가 진행 후 바느질만 전담 재봉사에게 위탁하는 경우가 있습니다. 기성복처럼 다량 양산하는 브랜드는 그 많은 수량을 디자이너가 직접 바느질하기가 현실적으로 어렵습니다. 실제 제품 생산은 생산팀에서 진행됩니다. 디자이너가 패턴제작부터 샘플 가봉 작업까지 직접 바느질에 참여하거나 디자이너가 스케치, 소재 선정, 작업지시서만 진행하고 실제적인 작업은 패턴사, 샘플사(혹은 모델리스트)가 하는 경우가 있습니다. 후자의 경우 디자이너는 색, 소재, 치수, 재봉 방법 등을 구체적으로 제시하여 분업하는 방식입니다. 이 이야기를 들으면, 그럼 디자이너가 한복 바느질을 배울 필요가 없겠다는 생각이 들지도 모르지만 패턴사, 샘플사와 문제 없이 소통하기 위해서는 기초적인 패턴과 재봉에 대한 지식이 있어야 하기에 바느질을 직접 하지 않는다고 해도 기본적인 구성법에 대해서는 이해가 필요합니다.

Q. 자격증이나 공모전 수상 내역이 취업이나 창업에 도움이 되요?

자격증, 수상 내역은 실력을 증명하는 하나의 서류라고 생각합니다. 하지만 내 실력을 증빙할 방법이 자격증, 수상만 있는 건 아닙니다. 취업 시 다른 조건이 비슷하다면 자격증이나 수상 사실이 없는 사람보다는 더 점수를 받을 수 있습니다. 하지만 자격증이 취업의 필수요소인 것은 아닙니다. 개인적으로는 포트폴리오(디자이너의 작업 기록물)를 더욱 중요시 봅니다. 취업이 아닌 창업의 경우, 자격증이나 수상 내역이 이러러한 이력을 가지고 있다고 소개에 도움이 될 수는 있지만, 매출이나 상품 제작에는 큰 영향력을 끼치는 것 같진 않습니다. 소비자는 '수상 사실' 때문에 옷을 선택하는 게 아니라 '디자인이 맘에 들어야' 옷을 선택하는 것이기 때문입니다. 공신력을 갖추기 위해, 또는 스스로 성취를 위해서 도전하는 것은 좋다고 생각합니다.

Q. 전통의상전공을 하는 대학은 없다고 들었는데 의류학과, 패션디자인 학과를 가도 상관없나요?

현재는 원광디지털대학교(사이버 대학)에 한국복식과학학과를 제외하면 전통의상을 전공으로 하는 대학(학사)은 없습니다. 배화여자대학교에 유일한 전통의상학과가 있었지만 2016년도에 패션산업학과(4년제, 학사)로 통합하였고 2021년 '한복문화콘텐츠학과'(2년제)를 신설했습니다. 의류학과, 패션디자인학과라는 명칭의 학과에서 패션에 대한 기초를 공부할 수 있습니다. 학교에 계신 교수님께서 연구 분야가 한복 쪽이라면 다른 학교보다 한복 관련 수업을 더 많이 접할 기회가 있습니다. 학교 홈페이지에 들어가서 커리큘럼 중에 한복 관련 수업이 몇 가지가 있는지 확인해보세요. '한국복식사(한복의 역사, 명칭과 특징에 대한 수업)', '한복의복구성(한복제작 수업)', '전통의상디자인(창작 한복 수업)' 등 한복 수업이 많은 학교를 택하면 도움이 됩니다. 의류학, 패션디자인을 전공하면 패션에 있어 꼭 필요한 소재, 역사, 재봉법, 패턴 제작, 마케팅 등을 두루 배우기 때문에 한복과 접목해서 응용하면 됩니다.

Q. 취업과 창업 중에 고민입니다

창업은 디자인부터 제조, 유통, 마케팅, 고객관리에 이르기까지 대표가 모든 영역을 책임져야 합니다. 디자인만 잘해서도 안 되고 전 영역을 다룰 수 있어야 하며 평균 이상의 실무 지식을 갖춰야 합니다. 디자인 외에 다른 영역에도 자신이 있다, 준비와 각오가 되어 있다면 창업을 추천하고 그렇지 않다면 취직을 추천합니다. '나는 한 가지만 잘하는데 나머지는 사람을 섭외해서 하면 되지'라고 생각할 수도 있지만, 결국 섭외된 사람은 거드는 조력자일 뿐 일의 핵심은 창업가 본인일 수밖에 없습니다. 브랜드 운영에 있어 가장 핵심적인 역량이 나에게 있다면 창업을 해도 좋습니다. 디자이너 브랜드의 대표가 대부분 디자이너인 이유는 이 때문입니다. 한 가지 영역에서 내가 맡은 바 임무만 하고 싶다거나 워라밸을 중요시 여기는 성향이라면 취업을 권장합니다.

Q. 학교를 졸업한 지 꽤 되었고 한복과 연관 없는 분야에서 근로하고 있습니다. 한복을 하고 싶습니다.

구체적으로 '일하고 싶은 직무'가 무엇인지를 정하시는 게 중요합니다. 한복 회사라고 해서 무조건 한복을 만들 줄 알아야 하는 것은 아닙니다. 디자이너, 생산제조, 마케터, 고객관리(매장이나 온라인 CS 담당) 등으로 직무에 따라 방향이 나뉩니다. 디자이너나 생산제조하는 파트가 아니라면 굳이 한복 만드는 법을 배우지 않아도 됩니다. 디자이너는 한복과 옷이 어떻게 만들어지는지 단계별로 충분히 이해하고 있으면 되고 바느질을 잘해야 하는 것은 아닙니다. 바느질은 수십 년 경력의 재봉전문가가 따로 맡아서 진행합니다. (간혹 회사에 따라서 디자이너가 직접 제작까지 겸하는 경우가 있으니 확인해보세요.) 한복 재봉기술을 배우는 것은 디자인을 잘하기 위해 '구구단'을 외우는 작업이라고 생각하면 쉽습니다. 디자인은 스스로 많이 입어보고 만들어보면서 응용해 나가야 합니다. 디자이너는 포토샵, 일러스트 같은 디자인 프로그램 능력이 반드시 필요합니다. 한복 제작기술자가 되려면 능수능란하게 재봉틀을 다루는 실력이 필요한데, 기초교육을 받은 이후 몇 년에 걸쳐서 많이 만들어보는 수밖에 없습니다. 현직 전문가들에 따르면 최소 5년, 보통 10년은 숙련되어야 한다고 말합니다. 이처럼 내가 근무하고자 하는 직무를 세분화하고 그 직무에 필요한 역량을 맞춤형으로 준비하는 것이 좋습니다.

Q. 저는 제 브랜드를 창업하고 싶습니다. 무엇부터 해야 할까요?

일반적으로 한복 만드는 법이나 학원 수강을 우선으로 생각합니다. 하지만 이것은 창업에 필요한 일부일 뿐입니다. 창업은 현실 가능성을 꼭 따져보아야 합니다. 어떤 한복을 만들고 싶은지, 내가 만든 한복은 시장의 다른 한복과 어떤 차별성이 있는지, 어떻게 만들 것인지, 자금은 어떻게 조달할 것인지, 어떤 루트로 판매할 것인지 등을 단계를 나누고 세부적인 계획을 세워야 합니다. 이것을 문서로 정리한 것이 바로 사업계획서입니다. 계획서를 쓰다 보면 어떤 영역에서 내가 준비가 덜 되었는지가 보입니다. 'N년 뒤 창업'이라는 목표를 세우고 부족한 부분을 쪼개서 채워나가는 것입니다. 가장 중요한 것은 나의 성향과 기질이 '창업가'와 맞는가 지점을 꼭 생각해보아야 한다는 것입니다. 자본이 부족하다면 대출을 하면 되고 상품생산은 전문가 섭외를 하는 방식으로 해결할 수 있습니다. 하지만 창업가가 짊어져야 할 고민과 책임의 무게는 누구도 대신 질 수 없습니다. 창업을 하면 매일 문제가 생기고, 나의 24시간을 희생해야 하며, 무명 기간이 몇 년이 될지, 생계가 가능한 수익이 언제부터 날지 알 수 없습니다. 그럼에도이 일을 포기하지 않고 끝까지 해나갈 수 있는지, 나는 그 어려움을 즐거움으로 극복할 단단한 정신력이 준비되어 있는지 창업을 준비하는 과정에서 냉철하게 판단해보아야 합니다. 진짜 한복을 좋아하는지, 그리고 업으로 삼을 만큼 준비가 되어 있는지 알아봄과 동시에 창업 아이디어도 얻을 수 있는 좋은 방법이 있습니다. "헤비 소비자(매니아)"가 되는 것입니다. 많이 입어보고 경험하면 나만의 한복에 대한 관점도 생기고, 잘하는 브랜드를 보면서 벤치마킹도 하게 되면서 소비자들의 의견이나 니즈를 생각할 수 있어 도움이 됩니다.

Q. 한복에도 트렌드가 있나요?

네, 물론 트렌드가 있습니다. 다만 1년, 6개월, 빠르면 몇 개월 단위로 바뀌는 기성 패션의 트렌드와 비교하면 속도는 다소 느린 편입니다. 특히 리슬이 만드는 모던한복은 패션을 지향하기 때문에 패션업계 트렌드를 비슷하게 적용해서 옷을 만듭니다. 꾸준히 언급되고 있는 트렌드 키워드는 젠더리스(성별에 구애 없이 남녀 모두가 입을 수 있는 디자인), 오버핏(몸을 옥죄지 않는 실루엣), 친환경과 기능성 소재 등입니다. 코로나 이후로 사람을 만나는 방식, 업무 방식, 문화 등 많은 것들이 급속도로 변화했습니다. 사회가 빠르게 급변하다 보니 예전처럼 1년 전부터 트렌드를 '예측'하는 방식이 아니라 즉각적으로 소비자가 원하는 것을 '캐치'해내는 안목이 더욱 중요해졌습니다.

또한 트렌드도 중요하지만, 내 브랜드만의 시그니처를 만드는 것이 더욱 중요합니다. 한복 브랜드를 창업하면, 모티브가 같으므로 자칫하면 모든 옷이 비슷비슷해 보일 수 있습니다. 로고를 가리고 옷을 보면 그 한복이 그 한복 같다는 우스갯소리도 있을 정도입니다. 나만의 라벨, 색깔, 무늬 등 다양한 표현법을 활용해서 트렌드를 이끄는 디자이너가 되는 것을 추천합니다.

한복 입는 CEO

초판 1쇄 발행	2022년 11월 23일
지은이	황이슬
펴낸이	신민식
펴낸곳	가디언
출판등록	제2010-000113호
주소	서울시 마포구 토정로 222 한국출판콘텐츠센터 306호
전화	02-332-4103
팩스	02-332-4111
이메일	gadian@gadianbooks.com
홈페이지	www.sirubooks.com

출판기획실 실장	최은정	**디자인**	이세영
경영기획실 팀장	이수정	**온라인 마케팅**	권예주

종이	월드페이퍼(주)
인쇄 제본	㈜상지사
사진 · 일러스트	©황이슬
ISBN	979-11-6778-055-3(03320)